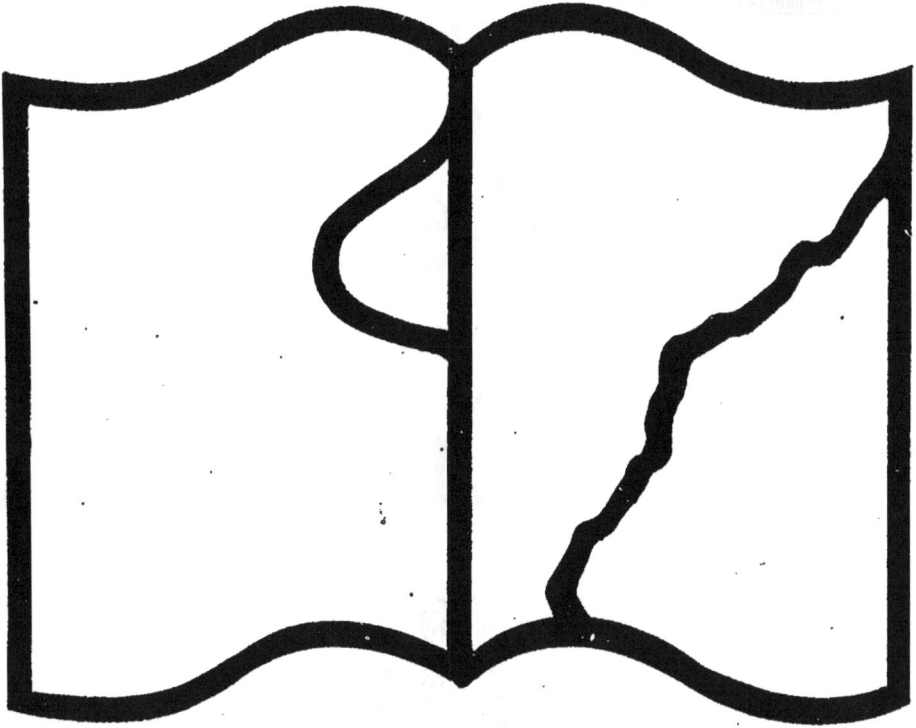

Texte détérioré — reliure défectueuse

NF Z 43-120-11

Symbole applicable
pour tout,ou partie
des documents microfilmés

Jean-René AUBERT

Philosophie

de l'Entr'aide

REIMS

COLLECTION DE LA JEUNE CHAMPAGNE

33, CHAUSSÉE DU PORT, 33

1909

COLLECTION DE LA JEUNE CHAMPAGNE

33, Chaussée du Port, Reims (Marne)

Annonay. — Imprimerie DÉCOMBE & BON.

PHILOSOPHIE DE L'ENTR'AIDE

DU MÊME AUTEUR

Envoi contre mandat adressé à *la Jeune Champagne*

Jean-René AUBERT

Philosophie de l'Entr'aide

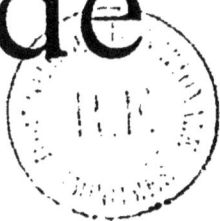

REIMS

COLLECTION DE LA JEUNE CHAMPAGNE

33, CHAUSSÉE DU PORT, 33

1909

A ma Mère

HÉLÈNE-JOSÉPHINE SIBENALER

Et en pieuse mémoire de

FRANÇOIS-RAYMOND AUBERT

Leur Fils affectionné,
JEAN-BAPTISTE-RENÉ.

DIVISION DE L'OUVRAGE.

Première Partie

L'ENTR'AIDE HUMANITAIRE

Conférence faite à l Hôtel-de-Ville de Reims

le 7 mars 1908

MESDAMES ET MESSIEURS,

Tant que l'humanité ne sera pas délivrée de la misère, il n'y aura jamais assez d'œuvres charitables. C'est pourquoi, à toutes celles qui agissent pour le relèvement de nos frères malheureux, nous n'hésitons pas à en ajouter une ; pourquoi nous invitons Reims à donner un exemple de bonté humaine, de réparation sociale, qui, souhaitons-le, sera suivi en d'autres villes, et peut-être un jour par toute la France.

C'est du moins notre vœu le plus cher. C'est l'espoir d'être entendus plus tard par le plus grand nombre, qui a décidé les fondateurs, les premiers organisateurs de *l'Entr'aide*, et qui les amène à vous demander de les appuyer dans cette œuvre de solidarité.

Nous voudrions, non pas vous apprendre, car vous les connaissez déjà, mais vous rappeler la nécessité et la beauté de la bienfaisance ; vous montrer aussi que les efforts antérieurs au nôtre, s'ils sont largement louables, demeurent toutefois insuffisants, que par conséquent notre entreprise croit apporter quelque chose d'indispensable ; vous exposer enfin le but et les moyens de *l'Entr'aide*, qui tend à extirper la misère de l'humanité, par l'exercice d'une assistance éclairée, cordiale, et surtout anonyme.

Examinons ce qui se passe autour de nous, entrons dans les réalités de l'existence : le seul aspect des quartiers pauvres de nos villes, des chaumières campagnardes, suffit à nous révéler que la misère d'en bas rend la bienfaisance d'en haut nécessaire, que l'absence d'une justice sociale exige la présence de cœurs affectueux et secourables. Ce rôle de réparation est si beau, qu'il nous donne aussitôt plus de dignité, car nous avons la conscience de remettre de l'ordre dans l'humanité ; et il nous apparaît plus grand encore, quand nous pouvons l'exercer en lui enlevant ce qu'il recèle d'ostentation d'une part, et de l'autre de honte.

Si nous étudions de plus près la question, nous reconnaissons que toute charité est bonne, mais qu'elle gagne à se montrer prudente et avisée. Nous voyons l'assistance personnelle souvent hasardée ou dupée, et se lassant parfois ; celle des sociétés spéciales se limiter, de plus, au soulagement de leurs partisans malheureux ; celle même de l'administration publique, ne pas éviter certaines tromperies et ne pouvoir atteindre tous les pauvres.

Alors nous réfléchissons qu'un moyen doit exister de résoudre ces difficultés, d'empêcher les abus, de connaître et d'aider les véritables indigents. Eh bien ! ce moyen, c'est celui-là même que vous propose *l'Entr'aide* ; c'est à le fortifier par votre appui, à le faire passer dans les mœurs, à le propager de toutes parts, que ses fondateurs vous invitent aujourd'hui.

*
* *

Si la misère n'existait qu'isolément, si elle n'était qu'une exception, quelques secours individuels pourraient suffire à en avoir raison ; mais, vous ne l'ignorez pas, elle atteint, déprime et fait périr des milliers et des milliers de personnes. C'est la profondeur du mal qui impose l'obligation de s'en occuper au grand jour, qui fait de la bienfaisance une nécessité publique.

Des sociologues, des politiciens ont proposé des réformes, qui devaient mettre en équilibre toutes les classes de la société. Mais ces réformes, les aura-t-on jamais ? Faut-il donc laisser mourir d'innombrables familles, en attendant que l'on possède la véritable justice sociale ? Non. Tant que cette justice fait défaut, la bonté doit s'y substituer.

Elle le doit, parce que c'est un devoir essentiellement humain de secourir les faibles et les déshérités;

9

parce que c'est aussi le moyen d'apaiser nos remords, aux heures sérieuses où nous sentons qu'il ne faut pas être seuls heureux, ni bénéficier seuls d'une tranquillité même relative ; parce qu'enfin le soulagement des maux populaires est l'unique possibilité de prévenir les révoltes, si funestes pour tout le monde.

Mais cette nécessité de la bienfaisance éclate si clairement que je préfère vous parler de ce qu'elle offre de beauté. Être bons, c'est nous acquérir cette dignité méritée que rien ne peut détruire. La vie est une lutte, répète-t-on souvent autour de nous. Or, qu'y a-t-il de vraiment beau dans une bataille ? Est-ce le dernier carré tombant avec l'injure aux lèvres, ou même avec un silence héroïque ? Est-ce le flot des vainqueurs debout dans leur gloire et proclamant le triomphe de leurs idées ou de leur race ? Non. Ce sont les âmes charitables ; ce sont les médecins, les chirurgiens, les infirmiers ; ce sont les sociétés de secours aux blessés et aux malades de la guerre. Soyons donc de ceux-là qui rendent la vie, et non de ceux qui la détruisent. La grandeur du rôle est en ceci, qu'en réparant le mal commis par d'autres, nous faisons mieux qu'une œuvre de compassion ; nous faisons acte de justice, de la meilleure justice, celle qui guérit, celle qui sauve, tandis que l'autre se borne à frapper. La bonté fait équilibre à l'iniquité ; elle empêche la balance de s'effondrer, sous le poids de l'oppression, dans un abîme où disparaîtrait bientôt tout le genre humain. Mais elle est très belle encore, la bienfaisance, en effaçant le désordre et la laideur qui forment le décor de la misère : si la société est mauvaise, elle répare ses erreurs et ses fautes ; si c'est l'humanité, elle la sauve du mépris et lui rend son aspect grave et noble ; si c'est la nature, eh bien ! elle rectifie même la nature, elle ajoute à son harmonie, et c'est peut-être par là seulement que nous sommes semblables à des dieux. Et si, fidèle à sa mission aussi modeste que grande, elle sait opérer en secret ; si elle chasse de son chemin cette chose coupable : l'ostentation, et cette chose douloureuse : la honte ; si enfin elle acquiert l'habileté d'aller droit aux vrais malheureux, alors, disons-le hautement, cette bonté active et intelligente est magnifique comme un des chefs-d'œuvre les plus parfaits de l'art.

Il convient d'approuver tous les efforts, toutes les fondations charitables, même les plus précaires, les plus insuffisants. Il n'en est pas un qui n'ait fait du bien, pas un qui ne mérite un juste hommage. Mais cette vérité reconnue de tous doit-elle nous interdire de rechercher ce qui leur manque ? L'exécution ne répond pas toujours à la bonne volonté, et même si elle y répond, c'est dans certaines limites au-delà desquelles il est possible de faire davantage.

Puisque l'infortune persiste malgré tout, c'est que les œuvres charitables n'ont pas encore découvert le moyen d'en guérir l'humanité.

Voyez l'assistance personnelle. Elle n'évite pas la honte à celui qui reçoit ; elle connaît peu les malheurs secrets ou ne les atteint qu'au hasard ; elle est ex-ploitée par les faux pauvres, et surtout par la légion des mendiants ; elle se lasse d'être impuissante ou dupée, et finit par rester chez soi. — L'assistance des sociétés religieuses ou laïques a produit de meilleurs résultats ; mais là encore les mêmes inconvénients se retrouvent, aggravés parfois de considérations qui avantagent certaines catégories d'indigents. Une partie de ces difficultés se rencontre même dans l'assistance publique, dont les ressources d'ailleurs sont insuffisantes, au point que le service des hôpitaux est tout ce qu'elle peut offrir de relativement complet.

Les intentions restant pour tous identiques, il s'agit donc d'examiner si ce n'est pas dans l'organisation, dans l'exécution qu'un progrès peut se réaliser. — Tout le monde est d'accord sur ce point qu'il faut arriver aux pauvres, aux braves gens tombés dans le besoin, et trop timides, trop fiers aussi pour tendre la main. — C'est cela justement qu'ont visé les fondateurs de *l'Entr'aide*.

Le système consiste à distinguer les malheureux véritables, par l'entremise de ceux qui les connaissent, par des travailleurs, des voisins qui distribuent eux-mêmes les secours, les dons en nature offerts par des gens aisés. La honte de recevoir est évitée, puisque les donateurs restent invisibles. Les pauvretés les plus cachées peuvent être découvertes, puisque les distributeurs habitent les mêmes quartiers et souvent les mêmes maisons. Enfin l'on opère à bon escient, l'exploitation devient impossible, parce que des comédies qui duperaient le riche de passage seraient vite démasquées par les intermédiaires ouvriers. Puis, la force, la persévérance d'une

association fonctionnant régulièrement, sont préfé-
rables aux charités personnelles que le temps ou les
tromperies finissent par lasser, de même que ses
rangs ouverts à tous, sans distinction d'opinions,
écartent les questions de préférences qui limitent
l'action des sociétés religieuses ou laïques. C'est
l'humanité venant en aide à l'humanité, par le système le plus large, le plus éclairé, le plus complet et
le plus digne.

Nous n'ignorons pas les difficultés de l'œuvre, et
que les plus utiles efforts rencontrent des contradicteurs. Sur la question, si vieille cependant, de la
pauvreté et de la charité, il se trouve encore des gens
qui haussent les épaules, des sceptiques dont la
courte vue n'aperçoit ni le rôle nécessaire de la bonté
humaine, ni la réalité poignante de l'humaine misère.

La misère! elle est pourtant affreuse et innombrable,
pour qui sait voir et comprendre. Tout le monde en
connaît des aspects lamentables. Ceux qui en nient
la gravité sont des ignorants qui ne se donnent pas
la peine de regarder, ou des égoïstes qui ne veulent
aucune atteinte à leur tranquillité. Qu'ils aillent donc
aux mauvais quartiers des villes, où des rues entières
sont des foyers de maladies, où des taudis sont le lot
de populations besoigneuses, où parfois une seule
chambre est occupée par toute une famille, pêle-mêle,
en des promiscuités dégradantes ou des querelles

atroces, et ils ne pourront plus nier cette plaie qui ronge l'humanité. Qu'ils aillent dans les villages, qu'ils entrent dans ces masures de terre et de chaume à peine supérieures aux tanières des bêtes, et ils n'oseront plus s'isoler dans leur honteuse indifférence. Mais à quoi bon de telles investigations ! Les faits divers des journaux ne suffisent-ils pas à nous renseigner ? Ces meurtres causés par la détresse ; ces suicides dus à la pauvreté, à la honte ; ces gens qui meurent de faim ; n'est-ce pas un rideau levé sur le terrible tableau des misères qui convulsionnent le fond de la société ?

Quant aux réformateurs qui attendent tout de l'avènement d'une justice sociale, où trouvent-ils les motifs d'espérer encore ? Les années passent comme ont passé les siècles, sans apporter ces lois du travail tant de fois promises, cette revision des codes établis seulement pour la défense de la propriété, ces garanties enfin qui eussent émancipé le peuple. Et nous continuerons d'attendre que les législateurs veuillent bien refaire l'édifice énorme des lois ? Non, non, les pauvres ne peuvent pas attendre, leurs souffrances crient à l'aide, et maintenant, comme toujours, c'est la bienfaisance qui seule peut guérir les maux, partiellement d'abord, et peut-être un jour entièrement, si une organisation forte par le nombre, durable par la persévérance, se met enfin à cette besogne qui n'a jamais été entreprise à fond : la destruction de la misère.

Certes, nous ne prétendons pas que l'on n'ait jamais essayé. Nous nous appuyons au contraire sur les efforts passés pour démontrer la nécessité d'un nouvel effort. La bonté, sentiment admirable, qui se soucie peu des appellations diverses dont chaque siècle la baptise, est vieille comme le monde. Elle existait avec force à l'époque où des hordes guerrières traînaient à leur suite les vaincus devenus esclaves ; on l'a toujours rencontrée chaque fois que s'élevaient les cris de la souffrance. Elle plane au-dessus des querelles humaines, et qu'on la nomme charité, bienfaisance, assistance, fraternité, solidarité, peu lui importe ; elle ne discute pas, elle agit ! Riches et pauvres l'exercent ; grands et petits s'y complaisent. Mais ce n'est pas assez. Il faut que l'on sache qu'elle est un devoir, que tous les êtres ont le droit de vivre et non de végéter ; et la preuve, c'est que l' « Aidons-nous les uns les autres » est non seulement humain, mais prudent ; c'est que si l'on y manque, des violences ne tardent pas à éclater. Et qu'est-ce donc que ce remords étrange qui fond sur nous, chaque fois que nous nous trouvons en présence d'une infortune ? s'il n'est un reproche à notre indifférence. Vous-mêmes, réformateurs, puisque vous voulez éviter les soulè-vements populaires, allez droit à la cause, employez-vous à relever, à sauver les malheureux, et dites-vous que chaque secours donné est une arme retirée aux révoltes ; méditez ces paroles de Victor Hugo dans un de ses discours de 1849 : « Vous n'avez rien fait, tant que l'esprit de révolution a pour auxiliaire la souffrance publique ; tant que dans cette œuvre de destruction et de ténèbres qui se continue souterrainement, l'homme méchant a pour collaborateur fatal l'homme malheureux ».

Oui, la bienfaisance est indispensable ; il la faut pour ceux qui reçoivent et qui se redressent, heureux de voir que les heureux ne les oublient pas, et aussi pour ceux qui donnent, car elle constitue une des plus réelles beautés morales. Jetez un coup d'œil dans l'histoire humaine : la vraie grandeur, la vraie dignité appartiennent aux hommes qui se montrèrent généreux. C'est qu'ils personnifiaient des sentiments de justice ; c'est que le malheur presque toujours est causé par des iniquités, immédiates ou lointaines, et qu'il n'y a pas de rôle plus beau que celui de réparer les désastres de l'oppression, de la cruauté. C'est enfin qu'ils rétablissaient l'ordre et l'harmonie troublés par des esprits despotiques, des âmes vénales.

Certaines gens, pour s'excuser de ne pas suivre ces nobles exemples, ne manquent jamais d'évoquer l'ingratitude. Qui en est cause ? Déjà le philosophe Sénèque dans son *Traité des Bienfaits*, observait que le nombre des ingrats dépend des défauts du bienfaiteur, autant que des vices de l'obligé. On a prêté trop d'attention au vers d'ailleurs banal de Belloy : « Plus on est bienfaisant, plus on fait des ingrats. » Voltaire a écrit plus justement : « Le conquérant est craint, le sage est estimé ; Mais le bienfaisant charme et lui seul est aimé. ». Et puis qu'importe ? On oblige parce que c'est une mission humaine, non par calcul, et la bonté trouve en elle-même sa récompense.

Ce qu'il faut retenir des enseignements passés, comme des expériences contemporaines, c'est que la charité est obligatoire, et que, par conséquent, il vaut mieux l'organiser que de la voir s'éparpiller en efforts trop souvent insuffisants. A propos de l'assistance personnelle, nous avons parlé de la honte pour celui qui reçoit ; elle est si réelle que certaines personnes hésitent à l'infliger en donnant, parce qu'elles ressentent vivement quelle honte elles éprouveraient si jamais il leur fallait tendre la main ; elle est si funeste que certains pauvres aiment mieux mourir que de se plaindre. Nous avons dit encore que ce moyen n'atteint que le petit nombre des indigents ; c'est que, pour obtenir de meilleurs résultats, il faudrait ne faire que cela, et le temps manque, les dispositions aussi ; il faudrait de plus toute une foule de ces gens charitables pour fouiller les bas-fonds où grouille la misère, et une telle campagne n'a jamais été faite, ne se fera jamais. On est donc obligé, faute d'organisation, de laisser venir à soi les malheureux, et ceux qui viennent sont généralement les plus hardis et les moins misérables.

Cette exploitation par les faux pauvres nuit aux missions de bienfaisance, au moins autant que l'indifférence et l'égoïsme. Elle forme même une sorte d'association, dont les membres échangent entre eux des indications, des adresses de donateurs, avec les sommes à recevoir presque à coup sûr. Ici, on opère directement, à domicile ; là, c'est par correspondance, avec une manière de tourner la lettre dont l'effet doit être immanquable. Il y a des bienfaiteurs qui se déplacent ; on le sait, on leur prépare la comédie qu'ils préfèrent. — Voici, par exemple, le jeu du malade ; l'homme est couché, la barbe en désordre, les traits tirés, le bonnet rabattu sur le front, la bouche tordue, les yeux mourants ; la femme énumère, en pleurant, tout ce qu'il leur faudrait ; le visiteur remet son offrande, et se retire apitoyé. Alors le malade se lève, il est guéri. On va pouvoir faire la noce ! — Voilà, plus loin, le jeu des grands malheurs. Sur le palier, des marmots grouillent parmi des immondices : la saleté n'est-elle pas le meilleur indice de la misère ? Dans la chambre où sont en vedette les pires haillons, la femme, aidée par une voisine, dit les mots qu'il faut, selon le caractère des visiteurs, pour les émouvoir. Après le départ de la dupe, le tintamarre des casseroles annonce le café, qu'un cinquième de goutte va décolorer. Vers midi, l'heure de l'absinthe, les joyeuses commères offrent chacune leur tournée. Et toute la journée les taudis retentiront de disputes grossières, tandis que les petits s'exerceront le gosier en vidant subtilement le fond des verres : allez donc, après, leur parler d'éducation !

On sait aussi que la mendicité est une manière de profession. Cependant il ne faut pas la juger d'un bloc. S'il y a faute, elle vient principalement de la société et des mœurs qui n'ont pas su jusqu'ici la réparer. Puis il y a les infirmes, les aveugles surtout, qui périraient du jour où ils ne tendraient plus la main. Il convient même de faire la part des tempéraments anémiés, et celle des esprits faibles, de la déchéance morale involontaire, avant d'arriver aux paresseux invétérés. Mais ces derniers restent assez nombreux pour que leur cas mérite l'examen ; ils forment un corps spécial qui absorbe une grande partie des avantages de la charité publique et privée; ceux-là sont des voleurs de pauvres. Ce n'est pas d'aujourd'hui qu'ils soulèvent des blâmes et provoquent des mesures défensives, puisqu'un capitulaire de Charlemagne, en imposant aux villes l'obligation de nourrir leurs pauvres, interdisait aux mendiants d'errer dans le pays et à toute personne de secourir les pauvres qui refusaient de travailler. Tous ces faux malheureux, soit qu'ils mentent, soit qu'ils fassent du malheur même un métier, entretiennent un foyer de désordre et de mauvais exemples. Souvent ils ont une famille, des enfants qui de bonne heure sont dressés à l'indignité, à la fainéantise, et qui, plus tard, augmenteront le contingent des vagabonds, ou glisseront dans les ignominies de la prostitution.

Si la charité doit aider les misérables, elle n'a cependant pas pour objet de contribuer à vicier l'humanité. Il y a donc un apprentissage de la bienfaisance, sans lequel on commet des erreurs, on aide à propager le mal, et on obtient la lassitude, le découragement de bonnes âmes qui finissent par s'apercevoir des tromperies, de l'inefficacité de leurs efforts, et qui, si elles continuent quand même, se disent : « Tant pis si je me trompe, je fais mon devoir. » Ce qui est l'aveu de la connaissance des abus.

Ces défauts inséparables de l'assistance personnelle

se retrouvent en partie dans celle des sociétés religieuses ou laïques, puisqu'elles sont tout simplement le même système direct, amplifié et multiplié. Elles ont affaire à d'autres catégories, voilà tout. Les bénéficiaires de leurs libéralités contractent l'habitude de les escompter, perdent peu à peu la fierté individuelle, prennent le dégoût du travail et en même temps le goût de l'ivrognerie. Puis il se glisse là des questions d'opinions, sincères quelquefois, le plus souvent affichées, et toujours cause de préférences faites au détriment d'autres pauvres.

L'assistance publique, malgré ses moyens d'enquête, offre encore les difficultés de la bienfaisance personnelle. Les demandes directes sont rarement faites par des indigents honteux. Sans doute, les quinze ou seize mille bureaux de bienfaisance sont très utiles, et les quinze cent mille secourus ne sont pas tous des exploiteurs ; mais ces gros chiffres, si l'on allait au fond, subiraient probablement bien des déchets. Puis les recettes sont limitées, aussi insuffisantes que le principe de l'organisation, puisque les résultats le démontrent, c'est-à-dire la persistance de la misère.

Il était indispensable de jeter un coup d'œil sur ces quelques détails. On y apprend que la charité toujours bonne et louable en soi, peut ne pas atteindre exactement son but, qui doit être à la fois une assistance bien dirigée et une moralisation des bas fonds humains. Il faut encore que l'on sache bien ceci : la vraie misère se cache, par honte d'abord, ensuite par l'obligation de simuler des opinions conformes aux sociétés de bienfaisance, enfin par la nécessité d'accomplir les formalités d'assistance publique auxquelles ne se plient que les habitués, les professionnels de la mendicité.

L'objet spécial d'une fondation charitable, au temps où nous sommes, apparaît clairement. Il consiste à trouver un remède à ces maux, à éviter le gaspillage qui se fait au détriment des véritables nécessiteux, à convoquer tout le monde à l'œuvre. La charité n'est pas le monopole de quelques privilégiés, c'est au contraire le privilège de tous, qui doivent, quelles que soient leur classe, leur situation de fortune, leurs opinions, collaborer en une vaste association humaine. C'est la seule réponse à la troublante question : Que faire ? posée naguère par Tolstoï, partout répétée depuis, et résolue enfin par une organisation nouvelle.

L'Entr'aide se compose de membres titulaires, qui remettent leurs dons en nature à un Comité administratif, et de membres actifs ou distributeurs, qui prennent des bons au Comité et les remettent eux-mêmes aux indigents. Ainsi se trouvent supprimés : grâce à l'anonymat, l'étalage si longtemps inévitable de la charité, et l'humiliation de ceux qui reçoivent ; grâce aux intermédiaires ouvriers, l'exploitation des faux pauvres.

Ne craignez pas de voir des travailleurs se laisser tenter par le désir de profiter de l'œuvre. Il n'en est pas un qui ne connaisse les moyens d'user de l'assistance personnelle ou des autres modes de bienfaisance, et qui cependant n'y fait jamais appel.

L'ouvrier vit uniquement du fruit de son travail. Quand le chômage le presse, quand la maladie le terrasse, c'est à ses effets d'habillement, de lingerie, qu'il fait appel, et qui forment peu à peu un tas au Mont-de-Piété. Et si le malheur persiste, qu'il n'y ait ni famille ni amis pour se liguer contre, la corde ou le réchaud apprend un jour au public qu'un malheureux s'est suicidé...

C'est justement ces misères cachées et timides que *l'Entr'aide* veut guérir. Elle y arrivera en y employant les travailleurs eux-mêmes, susceptibles de connaitre à fond la pauvreté trop fière pour mendier ; elle les habituera à se porter mutuellement secours. Ainsi se développeront leurs sentiments naturels de solidarité, corrompus ou exploités par les arrivistes de la politique. Investis de cette fonction fraternelle, ils comprendront mieux les devoirs humains, car, tout en sauvegardant leur indépendance et respectant leur dignité, elle élèvera leur conscience en les associant aux bienfaits des classes favorisées.

Déjà de nombreux secours ont été distribués. L'Association, fondée par quelques-uns, cherchant le concours de tous, voit ses premiers efforts encouragés. Elle va donc continuer sa mission contre la misère, qui sera extirpée de l'humanité, parce que tous ayant leur place utile dans l'organisation, pas un cas de pauvreté n'échappera aux investigations des membres actifs, disséminés dans les quartiers ouvriers. Ce sera la libération complète de la charité, entravée jusqu'ici par l'impuissance individuelle, les raisons de partis et les systèmes administratifs. Nul contrôle abusif ne sera possible, chacun l'exerçant à ses heures, quand bon lui semble. Espérons que les pauvres eux-mêmes, se rendant compte de la réelle fraternité de l'œuvre, se redresseront moralement ; que l'exemple des ouvriers distributeurs, ou leurs objurgations, ramèneront les égarés dans la bonne voie, préparant ainsi la venue d'une véritable assistance par le travail, qui ne laissera plus un jour d'assistés par la pitié que les infirmes et autres incapables. Ainsi naîtra partout un mouvement d'activité humanitaire et d'épuration sociale.

*
* *

Peut-être, des esprits pessimistes, sans contredire les fondateurs de l'*Entr'aide*, leur présenteront quelques objections. La question suivante pourra se poser : Si des personnes aisées n'ont pas le loisir de rechercher les vrais pauvres, comment s'y prendront les travailleurs occupés du matin au soir ? — La réponse est que, précisément, ils n'auront pas à les rechercher, parce qu'ils les connaissent et mieux que quiconque. Ne vivent-ils pas à côté d'eux ? Ne savent-ils pas déjà les histoires lamentables de la misère, à mesure qu'elles se déroulent ? C'est, hélas ! le spectacle le plus ordinaire auquel ils assistent. Seulement, de spectateurs attristés et sans pouvoir qu'ils étaient, ils deviendront des acteurs empressés et secourables. Le seul temps qu'ils consacreront à l'œuvre, sera celui de transmettre les demandes de secours et de remettre les bons d'objets en nature.

Quelqu'un nous a prédit alors une exploitation d'un genre nouveau. Les mendiants professionnels seront démasqués, a-t-il dit, mais il s'établira de louches spéculateurs qui achèteront aux pauvres, en cachette et à vil prix, les objets reçus gratuitement, et qui en formeront de fructueuses maisons de revente. — Il nous suffit de faire remarquer deux choses : tant que l'*Entr'aide* n'aura pas acquis le large développement visé, ces spéculations-là ne tenteront personne, parce qu'elles n'offriraient pas assez de bénéfices ; du jour où les membres seront très nombreux, et nombreux aussi les secourus, tout le monde agissant et surveillant, les spéculateurs en question seraient bientôt reconnus, ainsi que leurs fournisseurs, et leurs opérations révélées, rendues impossibles.

On nous parlera encore de l'indifférence où peu à peu notre temps est descendu. Ceci est indiscutable, et ce n'est pas à nous de réfuter un pareil argument. C'est au public, c'est à vous, mesdames et messieurs, qu'il appartient de faire tomber cette objection suprême, en venant nombreux, très nombreux, à l'*Entr'aide* ; de prouver aux gens moroses et désabusés, par un élan unanime, par un beau mouvement d'enthousiasme, que cette indifférence générale n'est pas réelle ; d'entraîner par votre exemple les hésitants, les raisonneurs, et même les contradicteurs. Alors le seul obstacle sérieux que nous puissions rencontrer s'écroulera devant votre geste doublement bienfaisant.

J'ai essayé de vous rappeler la nécessité et la beauté de la bienfaisance, surtout anonyme. Tout en rendant un sincère hommage aux efforts antérieurs de la charité, j'ai recherché à quelles difficultés d'exécution elle se heurte, et vous ai déclaré que l'*Entr'aide* a justement pour but d'avoir raison de ces difficultés.

Nous espérons que vous examinerez avec sympathie les statuts de cette société profondément, complètement bienfaisante, et que chacun de vous apportera avec empressement son adhésion à l'œuvre, pour qu'enfin et le plus tôt possible soit réduite cette hideuse misère, plaie de l'humanité.

C'est à votre bonté que nous en appelons, cette bonté qui relève les êtres tombés, répare les injustices, rétablit l'harmonie sur la terre, et qui, par ces beaux résultats, prouve qu'elle est une grande énergie sociale, une des meilleures et des plus véritables puissances.

Nous nous réclamons aussi de cette solidarité que des esprits éclairés ont proposée à notre époque, de ce sentiment vraiment fraternel qui supprime d'une part la protection, d'autre part la servilité, ne laissant plus en présence que des êtres humains dont les uns sont heureux, dont les autres souffrent ; instituant une sorte de devoir universel, et pour ceux qui donnent, et pour ceux qui transmettent, et pour ceux qui reçoivent. Alors, plus de méfiances justifiées, plus de fronts baissés ; tous les regards se fixant, franchement, loyalement, et la paix revenant en bas dans les cœurs qui furent si longtemps égarés ou meurtris, et la joie fleurissant en haut, la joie pleine et réelle du bien accompli, de la conscience satisfaite.

Parlez de l'*Entr'aide* à vos familles, à vos amis, aidez-la par vos adhésions, par votre propagande. Que votre unanimité, mesdames et messieurs, serve d'exemple à tous, et bientôt nous aurons la satisfaction de voir cette œuvre de bienfaisance guérir toutes les misères autour de nous, grâce à votre appui fraternel, et peut-être imitée un jour par toute la France, qui glorifiera Reims de sa noble initiative.

L'ENTR'AIDE SOCIALE

Conférence faite à l'Hôtel-de-Ville de Reims
le 15 Mai 1908

Mesdames et Messieurs,

Nous avons récemment parlé de *l'Entr'aide*, œuvre d'assistance anonyme et cordiale, en envisageant surtout ses principes humains ; nous allons aujourd'hui, sans perdre de vue la question d'humanité, inséparable d'une entreprise de ce genre, dégager ses rapports et son avenir probable au point du vue social.

L'organisation que ses fondateurs lui ont donnée s'applique d'ailleurs clairement aux inégalités que l'aisance ou la gêne déterminent parmi les hommes. Cette classe privilégiée offrant ses dons, cette classe des travailleurs les distribuant, et l'on peut dire cette classe accidentelle des indigents qui les reçoivent, n'est-ce pas là toute la société considérée dans ses éléments les plus apparents, sous son triple aspect, le plus ancien et le moins variable, celui de ceux qui possèdent, de ceux qui luttent pour posséder, et de ceux qui n'ont rien ?

C'est même, aujourd'hui, ce chapitre de la constitution sociale qui déchaîne la plupart des discussions, les désaccords les plus inquiétants. Tout le monde s'en préoccupe. Les querelles politiques entre démocrates et autocrates ont passé au second plan ; les controverses religieuses n'animent qu'une partie des populations ; l'art, l'éducation, la science, semblent chercher des refuges pour y attendre le retour des jours paisibles si nécessaires à leur action calme et sereine. Tandis que la question sociale, sous le rapport des biens, est partout à l'ordre du jour ; elle est l'air que nous respirons ; elle nous environne, nous presse, et profite des moindres circonstances pour se rappeler à notre attention.

Il est vrai que *l'Entr'aide*, étant donné son but, n'a pas à se mêler aux discordes, aux luttes âpres du capital et du salariat. Mais, du moment qu'elle s'adresse aux riches pour leur demander une part de leur aisance, aux pauvres pour leur transmettre cette part, et qu'elle met en mouvement, afin d'opérer sciemment cette translation, les nombreux travailleurs, on peut affirmer qu'elle aussi s'occupe, et beaucoup, des troubles de la société. Seulement elle s'en occupe pour garantir cette dernière de violences toujours regrettables ; avec l'espoir, la prétention si l'on veut, d'apporter, non pas une merveilleuse panacée, mais au moins une solution pratique, une réponse immédiate et sans discours au cri d'appel urgent de la misère.

Nous allons donc comparer les deux grands principes sociaux d'équilibre et de réparation : la justice et la bonté. Nous verrons qu'à celle-ci peu d'obstacles s'opposent, quand l'autre est souvent contrariée et parfois impossible. Nous constaterons qu'aujourd'hui encore, — le même état persistant malgré des efforts séculaires pour le transformer, — il faut en appeler de nouveau à la bonté, et à son acte pratique : l'assistance générale, anonyme, solidaire et prudente, telle que *l'Entr'aide* vous propose de la faire fleurir au début de ce vingtième siècle.

Un coup d'œil rapide sur l'histoire va nous rappeler qu'en général c'est la misère, sous n'importe quelle forme, qui suscite les sentiments de justice ou de bonté, et que des lois sages auraient suffi à tout arranger, qu'elles y suffiraient encore, si l'on pouvait les obtenir ; mais tout raconte l'évolution lente de la justice, ses succès précaires, ses institutions souvent renversées, ses luttes perpétuelles. Toujours il a fallu revenir à la bonté, qui rencontrait peu d'obstacles, et qui pouvait, active, silencieuse, soutenir les pas chancelants des hommes, soulager leurs misères, et coopérer à leur civilisation.

Ces deux impulsions naturelles, qui tendaient au même but par des moyens différents, nous les retrouvons aujourd'hui, pareilles à ce qu'elles furent dans le passé. La justice est toujours accablée d'adversaires, la bonté ne soulève que de faibles protestations. Comment, pourquoi hésiterait-on à employer le remède qui rallie tant d'approbations ? Nous avons l'individu à éclairer, le pauvre à relever, et, il faut le dire, à réhabiliter ; hâtons-nous donc de propager, de recommander l'œuvre qui nous paraît conforme à nos devoirs. Nous y avons appelé le peuple ; appelons-y encore la femme. Joignons au principe de solidarité, tous les éléments bienfaisants de l'art, de la science, de la politique, des religions. Faisons que notre effort de fraternité pratique entraîne un progrès décisif, un apaisement durable des idées, des mœurs et des actions.

Si je parviens à vous persuader qu'un nouvel apostolat de bonté est désormais nécessaire, et que loin de nuire aux réclamations d'une justice meilleure, il peut en favoriser l'avènement, vous saurez tout le bien qu'apporte *l'Entr'aide* ou qu'elle voudrait produire, et vous l'appuierez, Mesdames et Messieurs, dans sa mission profondément humaine et pacifiquement sociale.

⁂

La longue suite des siècles nous a faits matériellement moins vigoureux, moralement plus affinés, mais le fond de la nature humaine n'a pas changé.

C'est lui qui nous révèle les états et les sentiments, les pensées et les impressions des plus anciens âges du monde ; pour les bien connaître, nous n'avons qu'à regarder en nous-mêmes. Nous pouvons affirmer, sans risque d'erreur, qu'il y eut aux premiers temps des misères semblables à celles d'aujourd'hui, et que le triste spectacle de ces déchéances suscita sans délai, dans les cœurs tendres la pitié, signe de bonté, dans les esprits fiers la révolte, signe de justice.

Justice et bonté sont une impulsion originelle ; pour qu'elles se manifestent, il suffit qu'il y ait des êtres vivant en commun ; aussi les retrouve-t-on, constamment, le long des existences de l'humanité. Elles en sont inséparables. Aux époques et chez les peuples les plus divers, tout par conséquent peut se ramener au point de vue social, à ces deux principes de reconstruction.

La justice, qui rétablit l'ordre, est le mobile et le but des réclamations, des soulèvements, des insurrections et des révoltes qui dressent la foule des opprimés contre leurs oppresseurs ; elle est l'objet de la plupart des changements tentés pour acquérir le bonheur moral et matériel.

La bonté, qui répare les désordres, — car toute misère est un désordre naturel ou social — marche au même résultat. Mais elle n'attend pas le règne de l'équité ; bien qu'elle comprenne et partage les indignations de ceux que l'on écrase, elle ne se prête pas aux mouvements de la colère. Elle veut agir de suite pour le bien ; elle pense à soulager d'abord.

Répétons-le franchement : si la justice, la vraie,

pouvait s'établir dans sa plénitude, il serait presque inutile de s'occuper de la misère, qui n'existerait plus qu'accidentellement. C'est que la misère est rarement causée par la paresse, la maladresse, et même la mauvaise chance, bien qu'on prétende le contraire pour s'apaiser la conscience, pour s'attribuer à tort le droit à la dureté ; elle naît surtout, elle se développe par les abus de l'égoïsme, par cet intérêt mal compris qui rapporte tout à soi, cette oppression qui prend tant de formes, depuis la tyrannie de certains pouvoirs jusqu'aux accaparements de certains riches, cette cruauté enfin, voulue ou inconsciente, contre laquelle tous les temps et tous les pays ont combattu. La logique nous démontre que cette justice toujours réclamée et poursuivie, parce que les peuples sentaient que ce serait le seul remède radical à leurs maux ; que cet équilibre social, cet ordre parfait, en faisant tomber les systèmes arbitraires que l'on nomme privilèges, réduirait la misère aux seuls accidents que la nature fait inévitables.

Pourtant l'histoire qui sait nous guérir de l'illusion, nous apprend que les hommes n'ont jamais obtenu ou conquis que des fragments de justice. Bien des sociétés l'ont acquise, mais incomplète, inégale, et toujours très lentement. Les meilleures institutions sont à la fois les moins concertées par ceux qui en bénéficieraient et les plus attaquées par tout le monde : par les puissants et les riches responsables, par les faibles et les pauvres ignorants et crédules. Il faut donc enfin le proclamer : cette justice si désirable, qui donnerait à chacun sa part de bonheur, on ne l'aura parfaite que bien tard, après de nom-breux siècles peut-être ; qui sait même — le fond d'égoïsme persistant malgré toute civilisation et toute éducation, — qui sait si le magnifique équilibre social que nous rêvons ne doit pas arriver aux der-niers jours du Monde, — quand ce sera trop tard !...

C'est bien loin. Va-t-on attendre ? Faut-il se croiser les bras ? Allons-nous continuer à écrire de doctes traités de réformes, à clamer des discours de révolte, que les législateurs, sortant des classes possédantes, écartent ou éludent ? Non. Des gens souffrent, des familles ont faim, ont froid, manquent de tout ce qui regorge ailleurs ; des pères sont sans travail, des mères pleurent aux cris d'angoisse de leurs enfants. Aider est urgent, car le mal est immé-diat. Et le passé lui-même nous impose un enseigne-ment précis : il a toujours compris qu'il ne fallait pas attendre l'heure de l'équité sociale, et de cent ma-nières il a, sans délai, mis en pratique un remède moins héroïque, moins décisif, mais plus facile et plus à portée de nous, la bonté.

Tous nos progrès, dont nous sommes si fiers, n'ont pu modifier l'essentiel de nos manières d'être et d'agir. Aux temps primitifs, la force et la ruse régnant seules, il était presque impossible d'obtenir la justice, tandis que la bonté pouvait s'exercer plus librement. Son geste amical nous apparaît ainsi très ancien. C'est un sentiment si naturel, que l'on s'est toujours empressé vers les voisins criant à l'aide : souvenez-vous de ces récits poignants, où l'on voit tout un canton accourir sur le lieu d'un incendie ; où des marins, même rivaux, s'empressent à secourir un équipage en perdition ; où les terribles accidents des mines émeuvent toutes les nations. Ces mouvements de commisération sont si généraux, et tellement inoffensifs, que nuls pouvoirs n'ont jamais songé à s'en plaindre. Cela ne gêne personne. Et si de nombreuses lois ont entravé la justice, non certes franchement, mais en la nommant soulèvements, manifestations publiques, révoltes ; aucune loi, aucun décret, dans aucun pays, n'ont défendu la propagande et les actes de la bonté.

Pour développer, pour multiplier ce sentiment si libre, il ne manquait qu'une éducation spéciale, qui se forma peu à peu dans les mœurs ; mais elle fut surtout le fait d'esprits éclairés et sages, philosophes, poètes, réformateurs religieux, qui la propagèrent par la parole et l'écriture. De siècle en siècle, il s'établit une doctrine de la bonté ; on enseigna la pitié, puis la fraternité, puis la solidarité, et l'on vit appliquer de plus en plus leurs conséquences pratiques : charité, bienfaisance, assistance. Ce sont les missions idéales de ce genre qui ont conduit le Monde jusqu'ici. Ce que les religions eurent de meilleur, ce fut cette sanction de l'élévation morale, ce fut cet amour du prochain, l'amour délivré de toutes préoccupations matérielles ; pur, noble, agissant pour le bien parce qu'il est le bien et ne nous faisant espérer d'autre récompense que la satisfaction intime d'avoir relevé et consolé nos semblables.

Notre temps, avide de précision et de certitude, a soumis l'exercice de la bonté à une étude attentive ;

à sa valeur morale, il a joint la valeur intellectuelle ;
il en a fait un programme entré dans les plans de
rectifications sociales. Alors on a vu des fondations
nombreuses, œuvres, sociétés de philanthropie, de
mutualité, de bienfaisance, s'organiser avec méthode. Les hôpitaux se sont augmentés, l'assistance
publique s'est développée. On a poussé la sollicitude
jusqu'à penser aux êtres inférieurs, à protéger les
animaux, à protester contre la vivisection. Toute
l'époque enfin a compris que la bonté est libératrice,
qu'elle est aussi nécessaire aux classes favorisées
qu'aux foules deshéritées, qu'elle est un devoir en
même temps qu'une beauté de l'âme ; et cette im-
pression, gagnant peu à peu les plus réfractaires, a
préparé plus qu'on ne croirait un terrain propice aux
réformes, aidant ainsi à rapprocher la date d'une ère
nouvelle de justice sociale.

Mais cette propagande ne suffit pas. Les efforts
réalisés sont loin d'avoir atteint le but. Il faut se
remettre au bon travail de réparation avec énergie,
avec persévérance. Vous savez tous ce qui se passe
autour de nous. Un petit nombre de satisfaits évolue
à l'aise au milieu d'une foule harassée de fatigue,
cantonnée dans des quartiers insalubres, entassée
dans des logements étroits. — Considérez sérieusement la tâche qui incombe aux intellectuels et à ceux
qui possèdent : c'est la famille, inégalement par-
tagée, qui réclame de pressantes améliorations ;
c'est la commune, grande famille, qui pâtit fatalement des souffrances d'une partie de ses habitants ;
c'est la société, plus grande famille encore, où se

répercutent toutes les peines accumulées et qui fait entendre une clameur désespérée ; c'est l'humanité enfin qui se demande où l'on va et qui s'affole comme à la veille des cataclysmes.

Eh bien ! c'est ici que notre rôle doit commencer, ici que nous revenons à l'individu, à notre semblable. Les extrêmes se touchent, et l'humanité, c'est non seulement l'ensemble des peuples de la Terre, c'est aussi, tout simplement, notre voisin, que le christianisme nommait le prochain.

Faisons donc un effort contre nous-mêmes, abandonnons la coupable indifférence qui, depuis quelque temps, nous isole et nous perd. Au lieu de rester froids devant la peine du voisin, de nous moquer de ses chutes, de nous réjouir de ses malheurs, — car ces manifestations vulgaires se voient journellement ! — imposons-nous des habitudes contraires. Non pas même parce qu'il peut nous en arriver autant : ce serait encore de l'égoïsme !... Disons-nous plutôt que nous avons une commune origine, qu'une sève terrestre identique coule dans nos veines, que nous sommes, après tout, une seule chair, une seule âme mondiales avec des destinées faites inégales par la nature, et qui sont généralement supportables, mais surtout rendues inégales par toutes les formes d'oppression, et qui dès lors ne peuvent être supportées sans entraîner la misère atroce et la mort prématurée. Reconnaissons, pour nous en guérir à jamais par la honte, que tout égoïsme est plus que bestial, qu'il est lourd, qu'il est trivial, qu'il est laid ; et qu'en regard, la bonté est une des plus admirables qualités humaines, qu'elle nous confère le droit de passer avec dignité dans la vie, qu'elle nous donne la seule vraie noblesse, et qu'avec elle nous pouvons enfin recouvrer une conscience tranquille et respirer sans contrainte un air que nous n'avons pas usurpé.

Pourquoi donc faut-il toujours revenir sur des choses aussi naturelles, d'une vérité si facile à vérifier ! Remarquez ceci : Il y a peu de gens, même affligés de ce que l'on nomme un « cœur de pierre », qui hésitent à tendre la main à quelqu'un qui vient de tomber. Même des adversaires le font entre eux, quittes à s'insulter le lendemain. On court au passant criant à l'aide, comme les soldats doivent encore hélas ! marcher au canon. C'est essentiellement humain. Et toutefois, hâtons-nous de distinguer : Entre ce geste passager, fortuit, et l'habitude prise de soutenir les malheureux, il existe une profonde différence. Quelqu'un préoccupé de secourir des infortunes secrètes, et qui va au devant des misérables, voilà ce qui démontre vraiment qu'il est bon. L'assistance digne de ce nom vient de la seule bonté. Et ce que je prétends seulement affirmer, c'est que la bonté serait très fréquente si les faiseurs de discours et de livres en appelaient à ce sentiment, si nous-mêmes, nous nous efforcions de le cultiver, si enfin l'on en faisait un des chapitres les plus importants des manuels scolaires d'éducation. Alors nous verrions beaucoup de personnes devenir bonnes, par la simple raison qu'elles l'étaient déjà, sans le savoir ; cette faculté n'apparaissait pas au dehors, parce qu'elles ne se donnaient pas la peine de l'exercer ; elles la négligeaient par désœuvrement, par sujétion aux intérêts, par une indifférence paresseuse. Faisons-la donc jaillir et refleurir dans un grand nombre d'âmes, aptes quoi qu'on pense à la pitié, et quand cette floraison brillera au soleil des temps nouveaux, le problème de l'assistance sera résolu.

Nous pouvons, toutefois, travailler dès maintenant à le résoudre, en dégageant l'assistance de ce qu'elle recèle encore d'ostentation, d'étroitesse, de vexation et d'inhabileté. Pour qu'elle soit véritablement simple et belle, grande et noble, il la faut anonyme, donnant, sans connaître le nom et le visage de ceux qui reçoivent ; il la faut générale, mettant en mouvement toutes les classes de la société ; il la faut encore solidaire, de telle façon que les pauvres ne soient plus que des associés momentanément malheureux et secourus ; il la faut enfin prudente, avec un système d'organisation qui procure un contrôle permament.

Telles sont les qualités de *l'Entr'aide*, qui lui assurent son caractère d'œuvre nouvelle, de progrès social, de bienfaisance ordonnée pour ainsi dire scientifiquement.

Nous y avons appelé le peuple, et le peuple est venu ; il y viendra de plus en plus nombreux, à mesure qu'il nous comprendra. Nous y appelons aussi la plus grande pitié humaine, celle de la femme, qui va prendre ici un rôle répondant à l'une de ses plus précieuses qualités : le dévouement. Nous y appellerons tout le monde, car nous sommes et voulons rester sur un terrain fraternel, rien de plus. Ainsi *l'Entr'aide* peut devenir, et elle le deviendra si vous lui donnez votre appui, le lien moral et pratique entre l'assistance et la religion, qui y retrouvera l'une de ses plus belles missions; la politique, qui y rencontrera l'apaisement; la science, qui y gagnera un élément de progrès; l'art, qui en sera plus ému et plus vrai; la nature même, embellie par une humanité paisible, libérée de souffrances et de remords, heureuse et sereine comme à ce bon vieux temps de l'âge d'or, dont on nous a tant parlé que nous voudrions bien le voir et le connaître enfin !

*
* *

Certaines gens, habituées à des jugements tout faits, persisteront à prétendre que la misère est inguérissable, parce qu'elle vient de la paresse ou de la maladresse, parce qu'il est faux qu'elle soit causée par l'égoïsme, par l'oppression. Il nous suffira de leur opposer l'histoire. Nous leur rappelerons ces millions d'esclaves de l'antiquité soumis à la force brutale, qui avait pris sur eux droit de vie et de mort; ces peuples écrasés pendant des siècles, sous les armées des despotes ou sous les hordes barbares; ces nombreux martyrs des religions ou des sciences, tourmentés par les sectes au pouvoir ou par les vieux systèmes cramponnés à leurs privilèges; ces serfs et vilains du moyen-âge durement exploités par l'usurpation féodale; ces peuplades sauvages d'Amérique, d'Afrique, d'Océanie, traquées sous prétexte de civilisation ; ces populations européennes livrées à la famine jusqu'à la veille de la Révolution, et, malgré la grande secousse de 1789, tous les peuples encore asservis à une loi d'airain qui les maintient dans une gêne perpétuelle. — Elle a bien des formes, la misère, et elle a bien d'autres causes que la paresse et la maladresse. On peut dire, sans rien exagérer, que ce mot lugubre de misère résume l'histoire de la majeure partie du genre humain.

D'autres personnes nous diront qu'il vaut mieux laisser dans l'ombre l'idée de la justice sociale, que d'ailleurs elle n'est qu'une utopie. A celles-là aussi nous répondrons, car dans un sujet aussi grave il convient de tout voir bien en face : Vous ne pouvez pas faire le silence sur cette idée, parce que toujours le cri de justice fut l'étincelle enflammant les cœurs dans un appel et un espoir universels. C'est vrai qu'il fallait combattre, et que l'accord manquait entre les opprimés. Mais quand il s'opérait, cet accord, on voyait se produire de grands changements dont les récits nous font encore tressaillir : c'est l'épopée des Hébreux échappant aux durs travaux d'Egypte, l'émancipation partielle des cités grecques, l'esclavage romain soulagé et aboli par la mission chrétienne, la formation des communes, la délivrance des cantons suisses, celle des Pays-Bas, et l'Angleterre acquérant de vraies libertés, et enfin ce mouvement de fraternité profond, universel, qui dure encore et qui se nomme la Révolution Française.

Ce sont là quelques-unes des stations lumineuses dans la marche en avant de l'humanité, des conquêtes

40

de civilisation et de bien-être qui éclairent le chemin parcouru et entretiennent l'espoir de nouvelles étapes libératrices. Mais nous devons le reconnaître : entre ces conquêtes, et même en partie sous elles, que de siècles lamentables, de millions de vies sacrifiées, de douleur, de sang et de larmes ! Oui, nous sommes d'accord sur ce point : sauf le progrès moral qui lui aussi va lentement, il n'est rien de plus pénible que l'évolution de la justice à travers l'histoire ; oui, l'égoïsme est si tenace, renouvelé à chaque instant par des circonstances qui nous écartent du devoir, par la nécessité même qui est sa cause primordiale et permanente, par la nécessité qui, raisonnable, se comprend, et dont l'abus seul est coupable; il nous enchaîne si étroitement, ce monstre dévorant, que nous en arrivons à désespérer ! Il nous semble alors que la vraie justice est un idéal à poursuivre toujours, mais que nous n'atteindrons jamais dans sa plénitude.

Eh bien ! s'il en est ainsi, qu'attendez-vous, réformateurs, pour répondre à notre appel ? Puisque l'équité nous échappe sans cesse, n'est-ce pas la preuve que la bonté fut et sera toujours indispensable ? Et d'ailleurs votre triomphe effacerait-il la part des misères naturelles, accidentelles ?

Le zèle à soulager les infortunes, voilà le remède simple, facile, applicable, à chaque instant. Et il est tellement humain, qu'en tous les temps son action dut être fréquente. Des récits nous en ont transmis certains cas célèbres : c'est l'histoire si touchante de Joseph sauvant l'Egypte et sa famille, ce sont ces juges retirant Israël des servitudes, ces missions orientales d'abnégation et de sacrifice, ces amis célèbres pour leur dévouement, ces héros non moins illustres livrant leur sang pour la patrie ou la défendant par des prouesses fameuses, ces moines défrichant les terrains et recueillant les fugitifs, le « tous pour chacun et chacun pour tous » de certains soulèvements populaires, et la charité religieuse, et l'assistance laïque. Tout cela, c'est l'œuvre de la pitié, de la bonté. Et vous dites que ces grands cœurs se seraient trompés, que ces vocations marchant contre les forts et pour les faibles auraient eu tort, que cette aide mutuelle ne devrait plus nous servir d'exemple ?...

Ce qui fit justement la force attractive des religions, c'est ce qu'elles eurent d'attendri, de dévoué, devant les souffrances humaines. On peut ajouter que si l'on s'écarta d'elles, c'est quand elles oublièrent ce généreux apostolat. Et l'Aimez-vous les uns les autres, de l'Evangile, retentira jusqu'à la fin des siècles dans les cœurs tendres, dans les esprits éclairés. Il constitue la plus belle des lois humaines, et il renferme, dans sa généralité sublime, cette conséquence pratique que nous vous proposons : Aidez-vous les uns les autres.

Je vais ici vous citer un poète, Fernand Clerget, qui ne s'attarde plus guère aux inspirations de la Muse, mais qui vient d'écrire ces quelques vers, en l'honneur de la bonté :

Noble et sereine, un peu souriante, attentive
A suivre et deviner ma parole plaintive,
Rien que par sa présence elle effaçait le mal
Que m'infligea le monde en son enfer brumal.
Elle parla. Sa voix émue et consolante,
Qui sait rendre le calme à la douleur hurlante
Ou faire réfléchir de lâches oppresseurs,
Mit en mon cœur aigri d'ineffables douceurs.
Oui, je te reconnais, Bonté ! Cette faiblesse
Que l'on prend chaque jour pour toi et qui nous laisse
Déçus et mécontents, avec quelque mépris
Pour l'âme moutonnière et ses airs attendris,
N'approche pas de nous avec ce geste grave
Qui dit ta mission si féconde et si brave.

O sœur de ma Justice idéale, ô Bonté !
Ta présence réelle est la vive avocate
De nos écrasements ; c'est la fleur délicate
Brillant aux flancs du roc des sauvages halliers,
Le suave parfum des parcs hospitaliers
Où parfois nous allons cacher à tous nos larmes.
Ta main saisit la nôtre au retour des alarmes.
C'est toi, le sûr abri de ceux qui ont souffert,
De ceux qui ont gémi sous le feu, sous le fer ;
Que la faim, que le froid, que l'amitié trahie
Ont jetés pantelants sur cette terre, haïe
Dès que vient le malheur ; tu rends l'oppression
Moins cruelle, en osant, après l'agression,
Relever les blessés et guérir les misères.
Peut-être que tes soins sont mieux que nécessaires ;
Peut-être que sans toi la race aurait sombré
Sous l'âpre despotisme, et que rien n'eût vibré
En des cœurs endurcis par les mauvais exemples,
Si tu n'avais dressé pour nos peines, tes temples

43

Où ta voix nous rapprend l'amour et la pitié.
Tu domptes l'oppresseur et son inimitié
En sauvant les vaincus ; toi seule nous rends libre,
Et fais dans nos chaos renaître l'équilibre.

C'est ce sentiment de bonté, source d'apaisement social, qui a déterminé la plus vive attraction vers le courant des idées modernes. L'instruction diffusée, les devoirs d'humanité mieux compris, les essais nombreux d'œuvres méritoires, font enfin possible une entente humanitaire. Le règne de la solidarité est arrivé. Saluons-le, aidons à son avènement. La bonté n'était qu'une vertu naturelle, parfois un art de délicatesse ; qu'elle soit en plus une science, un ordre social, et ses bienfaits iront ranimer, éclairer et relever l'humanité jusqu'en ses profondeurs. Elle n'était qu'indispensable et permise ; elle est désormais facile et recommandée. Ce qui lui manquait, c'était son acceptation consciente par les travailleurs ; mais les travailleurs ne sont plus la foule ignorante d'autrefois ; ils ont, par leurs syndicats, leurs sociétés de secours mutuels, organisés depuis vingt à trente ans, mis la main à l'œuvre directement. Comme les autres classes, le peuple n'a plus qu'un pas à faire pour voir en sa clarté la nouvelle mission humaine, et grâce à ses tentatives d'union, il sait comment s'y reconnaître et s'y prendre pour donner à une institution d'assistance sociale l'usage régulier qui en assurera la valeur et la durée. D'ailleurs, parmi ceux qui nous ont compris, simplement, franchement, nous devons citer surtout les ouvriers qui se montrent dévoués, plein de zèle, car ils sentent que *l'Entr'aide* peut devenir leur œuvre personnelle. Plusieurs même y ont introduit déjà des moyens spéciaux de propagande, des cercles, des manifestations civiques. Et au fond que faisons-nous, par notre réalisation pratique ? N'est-ce pas une reprise des biens par un moyen pacifique ?

Quant aux classes dites supérieures, combien de temps garderont-elles encore cette désignation ? A force de vivre plus près des autres classes, sous un certain nombre de lois d'égalité civile et politique, elles ont commencé à perdre la vanité, la morgue, l'orgueil de leurs situations. Elles se sentent peu à peu d'une même grande famille. Une fraternité naturelle se forme de jour en jour, et là aussi nous voulons voir une garantie de succès.

Nous discutera-t-on aussi les principes de notre organisation ? L'anonymat, par exemple, nous a paru indispensable. Est-on vraiment content de soi-même quand, à une bonne action, se mêle la vulgaire satisfaction d'avoir été vu? Non, pas davantage que si l'on fait le mal avec la certitude de n'avoir pas été vu. Nous voulons encore que l'œuvre soit générale, parce que si les intermédiaires, les travailleurs membres actifs lui manquaient, nous retomberions dans les défauts des efforts antérieurs et ne ferions qu'une tentative précaire. Nous la réclamons solidaire, car, au point moral où notre époque est parvenue, nous n'avons plus qu'un effort à faire pour comprendre que les pauvres accidentels n'ont en rien démérité, qu'ils sont nos égaux, nos semblables, dignes de respect autant que quiconque. — Nous serons enfin prudents, parce que l'expérience nous apprend qu'il y a dans les hommes des vices peu guérissables, de l'exploitation en bas comme en haut, et qu'il faut se garder autant de l'une que de l'autre.

L'Entr'aide apporte ces diverses qualités, qui manquaient jusqu'ici aux œuvres d'assistance. Le système des intermédiaires supprime d'une part l'ostentation, d'autre part la honte. Les possédants, les travailleurs, les déshérités sont tous appelés. Les pauvres ne sont plus que des membres, momentanément gênés, de la famille humaine. Quant aux mendiants profession-nels, quand ils verront qu'ouvriers et ouvrières sont les seuls distributeurs de secours, ils renonceront aux démarches directes, désormais inutiles.

Mais avec le peuple, nous voudrions voir la femme adopter aussi notre cause. C'est par elle que les appels à la pitié sont les mieux entendus et compris. Presque toujours dévouée, attentive et attendrie, douce et fine, elle saurait découvrir la misère qui se cache, elle saurait surtout guérir certaines souffrances féminines, consoler des cœurs désespérés. La femme des classes aisées nous serait d'un grand secours, et l'ouvrière qui a dans *l'Entr'aide* les mêmes droits que les travailleurs membres actifs, apporterait à l'œuvre une activité délicate et habile ; par elle bien des misères trop discrètes seraient dé-couvertes et soulagées, et sa vigilance pré-parerait une génération plus saine et plus robuste. Nous devons même considérer que l'ouvrière, deve-nant la collaboratrice de son mari, à égalité de titre, l'accompagnera dans les réunions et les fêtes familiales ; ainsi se développera une urbanité très désirable, une morale plus affinée que celle née des théories de haines de classes, dont le langage et les allures confinent trop souvent à une brutalité qui tend à nous ramener aux plus mauvaises époques de l'égoïsme social.

. *
* *

Puisqu'aujourd'hui nous vous parlons de *l'Entr'aide*, non seulement au point de vue humain qui lui est particulier, mais encore sous le rapport social, nous ne pouvons paraître ignorer certains reproches assez vifs que nous ont adressé les partisans de la Révolution.

« Quand l'heure des revanches va sonner, ont-ils dit, vous venez jeter le trouble, la division dans nos rangs. »

Il serait trop commode de leur répondre que le « grand soir » tant de fois annoncé ne fait pas mine d'arriver. — Je préfère leur rappeler ce que je disais tout à l'heure, que le chemin de la justice est semé d'obstacles, et qu'en tous temps il a fallu demander un remède urgent à la bonté, à l'assistance. Quand même l'heure dont ils parlent sonnerait demain, qu'importe ? Demandez à ceux qui souffrent quel jour ils veulent être sauvés. Ils crieront d'une seule voix : Aujourd'hui ! — Laissez donc ceux qui se croient des justiciers lutter avec les armes de la colère, mais nous, ne faisons jamais attendre les pauvres gens en proie à la faim, au froid, à la maladie.

Et d'ailleurs la justice pourrait, si on le voulait bien, triompher sans violences. C'est le cas d'affirmer de nouveau qu'en propageant l'idée de bienfaisance, qu'en rapprochant dans une œuvre fraternelle ceux qui possèdent, ceux qui travaillent et ceux qui souffrent, nous préparons une voie facile, pacifique, à l'équité sociale que les menaces peuvent rendre incertaine ou peu durable.

Notre rôle est d'appeler tout le monde à un accord sérieux sur un terrain neutre. A ceux qui, recherchant la justice, s'élèvent contre une action de solidarité et la prétendent amolissante, comme à ceux qui, préférant une mission de bonté, comprennent et excusent les premiers mais refusent de les suivre, nous disons : Réfléchissez, connaissez-vous mieux les uns et les autres, et entendez-vous, car si vos moyens diffèrent, votre but est le même. Et vous, réformateurs, prêtez-nous sans hésiter votre appui, puisque nous n'avons pas à discuter sur des opinions, mais uniquement à soulager des misères. Cela vous empêchera-t-il donc de continuer vos campagnes émancipatrices ? Et ne craignez-vous pas, au contraire, si vous nous blâmez, que les travailleurs et les pauvres vous jugent sans cœur et s'écartent tout-à-coup de vous ?...

Il nous faut revenir aussi sur une autre objection, celle d'une exploitation possible. Vous le savez, les moyens d'investigations de *l'Entr'aide* sont des plus sûrs. Les membres actifs, répartiteurs des bons de secours, exercent une surveillance continuelle ; une entente entre eux, pour abuser de l'organisation, est improbable, dès lors que ces répartiteurs sont en même temps les contrôleurs. L'œuvre est sous la sauvegarde de tous ; elle ne dépend pas du bon vouloir de quelques-uns. Ce système large, reposant à la fois sur une confiance cordiale et sur une prudence nécessaire, se garantit par lui-même. Nous ne reviendrons plus sur cette question.

*
* *

J'ai essayé, Mesdames et Messieurs, de vous montrer que *l'Entr'aide*, sans se prêter à des violences où elle n'a rien à voir, est loin d'être étrangère à la question sociale. En comparant, dans l'histoire, la marche pénible de la justice à la facilité d'exercer la bonté, et en rappelant que la misère ne peut attendre, qu'elle veut toujours être de suite secourue, nous avons conclu qu'aujourd'hui, comme autrefois, il est nécessaire d'en appeler encore à l'assistance. Mais nous avons insisté pour que la bienfaisance, s'inspirant de l'esprit même des réformateurs, soit désormais anonyme, générale, solidaire et prudente.

Telles ont été les intentions des fondateurs de *l'Entr'aide*. Si vous les approuvez, si vous apportez à l'œuvre l'appui de vos adhésions, elle consacrera bientôt, grâce à vous, un progrès nouveau de la bonté humaine. Elle fera faire un pas de plus vers la justice si longtemps réclamée, et que l'on aura plus certaine et plus durable si on l'obtient sans secousses, si son triomphe a été gagné par le seul exercice d'une solidarité bien comprise, si enfin elle ne laisse à personne le regret d'avoir été violent ou le désir de préparer des revanches. Ainsi notre mission, tout en redressant les êtres tombés, en sauvant des existences, aura travaillé de plus à l'apaisement social, et si, un jour, l'humanité est enfin libre et heureuse, nous aurons la joie parfaite d'avoir contribué, humblement, mais pour une large part, à l'avènement de cette ère fraternelle et paisible.

Deuxième Partie

PHILOSOPHIE DE L'ENTR'AIDE

I

L'INSTINCT D'ENTR'AIDE DANS L'HUMANITÉ

L'homme est sociable par nature, et l'humanité doit à l'instinct d'entr'aide le meilleur d'elle-même, ses qualités les plus précieuses, les plus fécondes. Par contre la plupart de nos troubles proviennent de l'égoïsme.

Le premier mouvement est l'instinct de conservation. Il est tellement naturel, que le prétendre mauvais serait énoncer un contre-sens. Il naît avec nous ; l'enfant en bas âge ne connaît que celui-là. Chaque année l'agrandit ; nous le fortifions sans cesse de l'accroissement de ruse et de force dont nous sommes pourvus, des enseignements de l'expérience, et de cette partie de notre intelligence vouée à ce que l'on nomme, actuellement, la lutte pour la vie. Non seulement il ne peut, il ne doit être blâmé ; mais la nature, par ce qu'elle a mis en nous d'activité, et par ses exemples quotidiens, nous encourage, nous oblige même à développer cet exigeant besoin corporel.

Toutefois, cet instinct, fût-il utilisé avec prudence, avec mesure, avec équité, n'a rien d'élevé et n'est jamais admirable. Nous l'avons en partage avec les animaux ; c'est par lui que nous leur ressemblons ; il forme, en deux mots, le côté bestial de l'homme.

Et tout de suite nous constatons une aggravation qui, si l'appétit matériel prédomine, subordonne l'homme à l'animal. Celui-ci, rassasié ou satisfait, s'arrête, tandis que nous voulons davantage, par désir de possession continuelle, par ambition, et bientôt par une précaution économique qui devient aisément une accumulation abusive, de l'accaparement. Ainsi l'instinct de conservation, tendant à écarter tout ce qui n'est pas l'individu, ne tarde pas à franchir ses limites ; il s'agrandit, étouffe les sentiments mesurés ou équitables, et aboutit à la destruction : Périssent les autres, pourvu que je vive ! Or ces autres, pensant, agissant de même, c'est la destruction réciproque, acharnée, multipliée, enfin totale. — Les preuves abondent. Qu'il nous suffise d'évoquer les espèces animales disparues, ou achevant de disparaître, sauf celles que l'homme conserve pour son usage ; et, dans un ordre identique, les peuples et peuplades qui, ne s'étant pas élevés au-dessus de ce côté bestial, se sont abîmés en laissant à peine la trace de leur nom : si la Palestine, la

Grèce, Rome, finis comme nations, vivent toujours par leurs œuvres fécondes, Carthage a totalement sombré, et le même sort est probablement réservé à l'Angleterre.

Heureusement pour lui, l'homme n'est pas que de la chair. Il a un cœur, où bat la vie commune. C'est par là qu'il ressent les souffrances des autres, qu'il vibre et s'émeut, qu'il participe aux lois du mouvement universel, qu'il communique moralement avec tous les êtres ; alors il prend part à l'existence générale, s'accommode avec ses voisins; il partage non seulement les joies et les rires, mais aussi les larmes. Tout cri d'angoisse l'oppresse, tout appel de détresse le lance à l'aide, ou du moins, s'il est timide ou craintif, l'anime du désir d'aider et lui fait honte de n'oser pas.

Cet instinct de dévouement corrige l'instinct de conservation.

C'est lui qui tend la main à l'être tombé, qui se précipite au secours des passants attaqués, qui se jette à l'eau, qui court à l'extinction des incendies, qui prête un objet nécessaire, qui donne partout un coup de main.

Les plus malheureux sont généralement les plus serviables, *parce qu'ils savent !*... Songeons à l'immortelle fable de l'aveugle et du paralytique, qui est la moins fable des fables, car elle synthétise tous les actes d'appui mutuel. Or, tout cela garantit la vie des autres, l'épargne, la fait durer.

Cette conservation fait équilibre à la destruction.

Elle l'emporte même sur elle, dans la proportion que la vie l'emporte sur la mort.

Voilà quel fut et quel doit toujours être le rôle de l'entr'aide dans le monde. C'est elle qui assure, qui sauvegarde l'existence de la race. Tout nous démontre que l'humanité aurait péri depuis longtemps, si les hommes ne s'étaient entr'aidés.

Puisqu'il en est ainsi, pourquoi laisser les choses s'en aller comme jadis au hasard ? Disons-nous fermement qu'une organisation bien étudiée doit multiplier les bienfaits dus surtout, autrefois, à la seule impulsion naturelle. Il s'agit de mettre en ordre et en valeur l'instinct de dévouement, d'aide mutuelle, qui vibre en chacun de nous et qui est le premier signe de notre supériorité morale. Au lieu d'assister en spectateurs à ses actes isolés, de le voir continuer à l'aventure, selon les accidents et les pauvretés rencontrés, transformons-le en une institution précise, en une œuvre qui rassemblera tous les efforts épars pour la lutte finale contre la misère.

ii

L'Amour et la Haine

L'instinct de conservation, nécessaire aux individus mais destructeur de l'humanité, s'exerce par des actes presque continuels. On se lève tôt pour s'occuper des soixante à soixante-quinze kilogrammes de chair, d'os, de sang et de nerfs, qui forment le plus tendre objet de nos amours ; on y pense, sur seize heures de veille, quinze heures au moins, et il paraît que dans leur sommeil les égoïstes ont surtout des rêves matériels ; on organise sa vie entière pour la satisfaction des sens, et on rit au nez des gens qui osent parler d'idéal, de morale.

Au contraire, l'instinct de dévouement n'est qu'occasionnel. Son immanence, presque générale cependant, ne s'extériorise pour ainsi dire que malgré nous. Il ne s'éveille, surgit et agit que devant un accident, une détresse qui passe, une misère tout à coup étalée devant nos yeux. Il n'opère que de temps à autre, très irrégulièrement, et même, chez les timides et les durs, que très rarement. C'est d'ailleurs une preuve de son excellence, puisqu'une entr'aide aussi espacée, aussi précaire, a pu malgré tout maintenir l'existence de l'humanité. Que serait-ce donc s'il était partout organisé !... Mais à défaut d'organisation universelle, il a toujours eu du moins pour le développer et le multiplier, l'amour.

Si, considéré seul, l'acte de dévouement est passager ; s'il ne s'accomplit que devant un être criant au secours ou une souffrance qui se déclare ; s'il n'est enfin que le geste isolé d'une bonne impulsion, le sentiment d'affection tend à le rendre permanent.

Nous apprenons dans la famille à mettre en pratique constante la protection pour les plus faibles, l'appui pour tous, parce que nous nous aimons ; cette première éducation des sentiments affectueux est la plus profonde, car elle est due à un usage quotidien.

Avec la jeunesse, nous connaissons l'amitié, ce zèle enthousiaste qui fait fleurir le meilleur de nous-mêmes. Plus tard, l'amitié devient rare, prudente, exigeante, mais le trésor d'attachements qui est en nous se manifeste en cet idéal : l'amour.

C'est l'entraînement irrésistible vers tout ce qui nous paraît beau, vrai et juste. C'est par conséquent, pour rester dans notre sujet, l'amour du prochain, qui est un devoir, et l'amour de l'humanité, qui est davantage encore : une vertu. Il existe même des cœurs héroïques qui ne veulent plus connaître les fautes, les méchancetés des êtres; ils aiment par une vocation presque surhumaine. C'est en y songeant que Fénelon a pu dire : « L'amour fait vouloir le bien pour lui-même. »

Mais sans planer sur ces sommets, — la terre ni l'humanité ne sont pas faites que de montagnes, — en gardant et cultivant ce sentiment en nous, si modeste que soit notre part du diamant, l'amour — non le sensuel, mais le pur, l'affection parfaite, l'amitié idéalisée — est le sauveur des hommes, parce qu'il représente la plus grande puissance de conservation.

Il a le pas sur la haine, bien que celle-ci soit autrement bruyante et paraisse plus énergique. J'entends la haine causée par des attaques, l'oppression, les abus, les privilèges. Produite par toutes les sortes de tyrannies, cette haine est pour longtemps encore naturelle, logique ; elle se lie à la rancune, à la revanche, à l'espoir d'une justice qui punira. Le mal rendu pour le mal, et les révolutions populaires d'un pays, en sont des manifestations inévitables. C'est devant les troubles nés des égoïsmes sociaux qui Victor Hugo disait : « La faim fait un trou dans le cœur du peuple et y met la haine. »

Mais cette haine, quoique légitime, n'en reste pas moins meurtrière. Elle entretient l'état de lutte, le pousse jusqu'à la vendetta corse, jusqu'à ces entêtements aveugles qui ont perdu des peuples, y compris même les cités de l'ancienne Grèce ; elle le rendrait aisément perpétuel et lui ferait détruire toute l'humanité en quelques siècles...

Si l'amour n'était là !

L'amour persuasif, éloquent, dévoué, ramène le calme, et l'on reste surpris de s'être combattus avec tant de fureur ; il rétablit l'urbanité, et l'on a honte d'avoir été brutaux et grossiers ; il restaure le bonheur, et l'on se juge insensés de tous les efforts accomplis pour augmenter nos malheurs. Il nous charme et nous convertit, rien qu'en paraissant heureux de nous plaire ; il semble que ce soit nous qui lui permettions d'être et d'agir, et c'est nous en effet : que deviendrait l'amour s'il n'avait rien à aimer !... Il est donc une sorte de reconnaissance, ou mieux encore le désir d'une justice avide de dispenser à tous des récompenses. Il apaise, améliore, unit et répare. On s'entredéchirait avec passion, et voici que l'on voudrait se dévouer jusqu'au sacrifice. Il est l'entr'aide parfaite, sans lois, il est vrai, sans organisation, mais toute puissante, parce qu'il constitue le principe créateur.

Est-ce lui qui décide le dévouement ? Où n'est-il pas cet instinct du dévouement poussé jusqu'au sublime ? Qu'importe ! *Il est*. — Il est le parfum de la fleur, la saveur du fruit, l'élément de la vie, l'attachement humble des animaux, la vertu vraiment conquérante des humains.

C'est lui, l'éternel triomphateur de la haine, que les génies de la pensée, de la vérité, ont toujours célébré dans leurs hymnes, conseillé dans leurs recueils de sagesse. C'est lui qui règne en nous, et que nous pouvons pacifiquement imposer à toutes nos institutions, si nous le voulons bien. C'est lui que nous devons proclamer encore, élever comme une clarté pure et bienfaisante, au moment où nous réclamons l'aide de nos contemporains pour la propagande d'une nouvelle organisation humanitaire.

III

La Bonté dans l'Histoire

La vieille distinction entre les bons et les méchants n'est pas surannée autant que les affolés de modernisme voudraient le faire croire. Elle garde même toute sa verdeur et son à-propos, pour quiconque jette un regard impartial sur les mobiles de ses voisins, sur les natures humaines parmi lesquelles il évolue.

Il n'a pas de peine à distinguer, sous les masques, le rapport étroit des actions et des caractères. C'est chez les êtres vraiment affables, doux, indulgents, qu'il rencontre en plus d'abondance le dévouement quotidien, persévérant, accru même par les obstacles, et l'amour, si ardent à découvrir les qualités des autres, si tenace à fermer les yeux devant leurs défauts.

Amour et dévouement sont des produits de la bonté.

Considérez maintenant ces méchants, soit dans leur solitude d'égoïstes, soit dans les pactes qu'ils forment pour commettre leurs infamies. Ils ont une porte toujours ouverte à la haine. Ils ricanent devant les tracas et les chutes du voisin. Ils lui cherchent des tares, et s'ils n'en trouvent pas, ils en inventent. Ils se dévouent peu, même entre eux, et le font d'un air revêche, ou avec sarcasme : car ils se croient obligés de se railler eux-mêmes quand par hasard ils ont bien agi.

Ils sont, — à côté de la haine déchaînée par l'injustice et que nous avons montrée logique, — les réceptacles monstrueux d'une autre haine causée par l'envie et qui reste inexcusable. Son vrai nom d'ailleurs, ce n'est plus la haine, mais la méchanceté. La jalousie sans motifs, le dépit hargneux devant ce qui brille ou ce qui est supérieur, l'orgueil, l'avarice, l'ambition égoïste, lancent cette mégère sur le Monde. C'est elle qui a provoqué, qui a signé de sa griffe sanglante, tous les crimes civils, de Caïn à Judas, des accusateurs du philosophe grec à Cauchon, des hypocrites médisants aux lâches calomniateurs de tous les temps ; et ces crimes politiques, si horribles qu'ils dégoûtent de l'humanité, si nombreux que l'histoire ne suffit pas à décrire seulement les plus importants ; elle qui est coupable des meurtres de Zoroastre, d'Isaïe, de Socrate, de Jésus, de Jeanne Darc, et de tant d'autres êtres que leur héroïsme ou leur vertu désignaient à ses coups ignobles ; elle qui, succédant à quelque noble devoir, a fini par remplir de sa frénésie ces grands tueurs que furent les conquérants, de Cyrus à Alexandre, de César à Napoléon. Les déchaînements brutaux de la bête humaine, envieuse, orgueilleuse, querelleuse, mauvaise, eussent encore abrégé la vie de l'humanité, au point que celle-ci, livrée à toutes ces tyrannies simultanées, n'eût pas même duré un siècle, — sans la bonté.

L'histoire est à reconstituer de fond en comble. Il faut que désormais la plus large place y soit donnée aux œuvres de la bonté. N'est-ce pas faire preuve de la plus étroite intelligence, que de s'appesantir sur des actes qui auraient tout détruit, qui auraient coupé dans leurs racines nos actuelles existences, pour ne mentionner qu'à peine la vertu qui a garanti la vie des hommes autrefois, qui a préparé à la nôtre la possibilité de s'affirmer ?

Le moindre examen, un peu d'attention, de réflexion, nous révèlent avec une subite clarté que les bons seuls ont conservé le Monde. Ils l'ont fait sans tumulte, sans éclat ; aussi, ceux-là même qu'ils ont sauvés passent indifférents devant eux. Mais il est temps de réparer l'injustice, d'inscrire dans nos livres, dans les âmes, que maintenir la vie est presque la créer, et que si l'humanité a vécu jusqu'ici, c'est grâce à la bonté. Celle-ci constitue la meilleure moitié de l'histoire. Fermons donc tant de récits erronés, qui égarent, et mettons-nous à l'âpre travail de rétablir la vérité dans les actions d'autrefois.

Dégageons et proclamons les bienfaits des religions primitives, de l'enthousiaste poésie, de l'art harmonieux, de la grave philosophie, de la science austère, des politiques qui furent honnêtes, des mœurs assouplies, des civilisations : de toutes ces œuvres de bonté qui, en regard du spectacle atroce des querelles et batailles entre individus, des guerres civiles, des massacres internationaux, déploient devant nos yeux enfin reposés, des visions douces et sereines où nous trouverons l'espoir de vivre mieux, la force d'y travailler, la décision de nous unir pour continuer le progrès.

La bonté dans l'histoire, son heureuse prépondérance, apparaît aux regards les moins attentifs. L'explication de son rôle victorieux est tout entière dans ces mots du fabuliste : « Plus fait douceur que violence. » Toujours elle s'est montrée plus puissante que la méchanceté. Elle est l'amie que rien ne lasse ; elle relève, console, soigne et guérit ; par l'exemple, elle propage une mission bienfaisante qui a incessamment sauvé les hommes, et qui, après tant de siècles sombres, leur apprend enfin, du moins à un grand nombre, qu'à toute heure et malgré tout, *il vaut mieux être bons.*

C'est le terrain fertile où pousse naturellement l'entr'aide ; elle est sa cause immédiate et perpétuelle.

Détournons donc, pour n'y plus revenir, nos regards de l'histoire brutale et sanguinaire. Pour retrouver la bonne voie, et y rentrer avec enthousiasme, considérons dans le passé les œuvres de la bonté. Convions à cette tâche tous les braves esprits conscients du rôle assumé, car seuls « les persuadés persuadent, comme les indulgents désarment. » (1) Alors

----

(1) Joubert.

nous pourrons, connaissant les magnanimes efforts de jadis, perpétuer l'œuvre bienfaisante, ajouter notre anneau à la chaîne délicate et fleurie qui a suffi, depuis les premiers âges, à soutenir, à maintenir le Monde jusqu'ici.

———————

IV

L'Humanité des Religions

Les principes qui, dans le passé, engagèrent les hommes à s'entr'aider et préparèrent leur civilisation, furent d'abord les doctrines initiales des religions.

Au milieu des anciennes barbaries, des cris féroces de la bête humaine déchaînée, des vols et des crimes honorés, des viols et des massacres glorifiés, des pillages de villes, des exterminations de peuples, quelques idées morales parvinrent à fleurir. Des esprits supérieurs osèrent entreprendre le bon combat contre ces barbaries, et, malgré les échecs, les persécutions, les décadences même de la doctrine abîmée par d'égoïstes sacerdoces, triomphèrent à la longue des appétits grossiers, des ambitions meurtrières.

Mais il fallut des siècles : C'est la civilisation, et non le génie, qui n'est qu'une longue patience.

N'importe, l'impulsion donnée par les morales religieuses ne devait jamais plus s'interrompre. Le but était là-bas, très loin ; on l'avait entrevu, on y allait, et de jour en jour l'humanité devenait meilleure.

Ce qui est humain dans les diverses religions, voilà ce qui fait leur bonté, leur nécessité. C'est la mission du plus pur idéal qui les mettait à l'avant-garde des plus belles manifestations des races.

Chaque peuple produisait ce fruit bienfaisant, qui mûrit sous toutes les latitudes. Parfois l'œuvre, franchissant les limites de la cité ou de la nation, épandait sur les peuplades voisines ses ondes généreuses. Parfois même elle conviait tous les hommes au banquet fraternel. Mais toujours immuable sous ses variétés, elle restreignait la barbarie, elle apaisait les haines, elle préparait la paix du Monde.

Les sources de la civilisation sont là.

Il nous plairait de butiner sans hâte ces fleurs premières de la bonté organisée. Mais elles sont si nombreuses qu'à peine pouvons-nous effleurer les plus grandes, les plus fécondes.

Parmi les fureurs de races encore sauvages qui ensanglantaient l'Iran, contre la décadence des Bactriens et les impuretés du vieux culte, Zoroastre se leva, prêchant la lutte contre le mal, affirmant que de l'homme seul dépend la victoire du bien, et faisant de la charité un impérieux devoir. Il recommanda le respect de la femme, l'instruction aux enfants, à tous le travail. « Laboure et sème, disait-il. Qui travaille avec pureté accomplit la loi. Il fait plus qu'en sacrifiant dix mille fois. » Et il ajoutait qu'il faut désirer « une science excellente, une langue douce et mélodieuse, une imagination et une intelligence qui comprennent l'avenir. » Tant que sa doctrine prévalut, qu'elle ne fut pas défigurée par les mages, l'Iran prospéra, et à cette œuvre l'antique Perse dut et doit encore le meilleur de son renom.

Des bouches du Nil aux royaumes de Chaldée et d'Assyrie, des hordes du Pont-Euxin aux tribus pillardes de Chanaan et d'Arabie, tout formait un chaos d'où rien ne semblait devoir subsister. Moïse parut,. le Décalogue à la main : « Honore ton père et ta mère. Tu ne tueras point. Tu ne déroberas point. Tu ne feras point de faux témoignage. Tu ne désireras rien de ce qui appartient au prochain. » Il ordonna la charité, défendit la cause de la veuve, de l'orphelin, de l'étranger ; il institua le repos hebdomadaire, et décréta l'égalité, même matérielle, puisque, tous les sept ans, les esclaves recouvraient leur liberté, et que tous les cinquante ans, année jubilaire, les propriétés vendues revenaient aux propriétaires primitifs. Il voulait la femme considérée, l'immoralité sévèrement punie, le respect familial. Il fut rude aux maîtres injustes, légiféra sur la probité, contre le vol, l'homicide. Ses lois d'hygiène étaient très mûries, et il fit de si heureuses règles pour les pauvres, qu'il y eut peu de mendiants chez les Hébreux. Cette œuvre fondée par Moïse, organisée par Josué, complétée par Job, David, Salomon et les prophètes, fit d'un tout petit peuple le plus grand moralement, et elle dure encore, puisqu'elle inspire une bonne partie de notre morale.

La Grèce ancienne fléchissait sous les tyrans, s'égarait dans les innombrables interprétations de la mythologie. Les conversations de Socrate furent alors le plein soleil de l'Hellade. En développant la conscience, la raison, la vérité éternelle, il conféra à la pensée grecque ce qu'elle eut de plus pur, et cette lumière propagée par une foule d'esprits graves guide encore nos philosophies et active encore nos progrès intellectuels.

A l'extrême-orient, Confucius avait proféré sa parole instructive. Le réformateur des mœurs chinoises, comme celui des idées grecques, s'appuyait davantage sur la raison philosophique que sur la foi du cœur. Il voulait la perfection, la droiture de l'âme, les connaissances morales, l'individu bon rendant la société bonne : « Le perfectionnement de soi-même est la base fondamentale de tout progrès et de tout développement moral. » Il recommandait l'amour familial, la sincérité, la bienveillance, la politesse sociale, la sagesse, et disait : « Ce que vous réprouvez dans ceux qui sont au-dessus de vous, ne le pratiquez pas envers ceux qui sont au-dessous.» A ces enseignements, Mencius ajouta la justice, l'éducation. Les nombreux siècles qu'a vécu la Chine n'ont rien produit de meilleur, d'égal même à ces doctrines.

Dans l'Inde, que perdait le rigorisme des castes, Çakya-Mouni s'émut de la décadence de sa race. La vue des misères décida sa mission. Il voulut l'égalité des hommes, prêcha l'effort individuel pour le bien, la compassion, la charité, la tolérance. Beaucoup l'écoutèrent et devinrent plus heureux ; des tribus à demi barbares se convertirent et devinrent cultivées.

Mais voici qu'en un coin de l'immense empire romain, retentit le sermon sur la montagne : « Heureux les débonnaires, les justes, les miséricordieux, les pacifiques ! » Contre Rome, le plus formidable

des règnes de la force, une parole surhumaine com-
mande plus que la bonté ; elle réclame la miséricorde, le pardon, le sacrifice. En face de la brutalité
tenant le Monde sous son pied, Jésus tendit les bras :
« Laissez venir à moi les petits enfants, les faibles, les
opprimés, les coupables qui se repentent.» Et la douce
rosée eut raison du colosse de fer. Liberté, égalité, fraternité, tout cela est en germe dans l'Evangile.
L'humanité se dégageait enfin des ténèbres. L'esclave
était appelé à la vie commune. Des paraboles cin-
glaient les calomniateurs et les médisants, les riches
durs, les puissants impitoyables, les injustes, les
hypocrites. Mille préceptes comme celui-ci gardaient
l'homme des sentiments vulgaires : « Quand tu fais
l'aumône, que ta main gauche ne sache pas ce que
fait ta main droite », ou persuadaient sa raison
comme celui-là : « Ne faites pas aux autres ce que
vous ne voudriez pas qu'on vous fît. » Et Jean allait
ajouter bientôt : « Toute l'humanité ne sera qu'une
famille. ». On sait la floraison magnifique de civilisation qui sortit de la doctrine évangélique, la plus
idéale de toutes.

Mais la mission d'humanité n'est jamais terminée.
Des peuples vivent à l'écart, comme les Arabes.
Alors se dresse un Mahomet, qui édicte des peines
contre le vol, l'usure, la fraude, le faux témoignage ;
qui relève la famille, conseille l'affranchissement des
esclaves; qui recommande l'aumône et observe :« Celui qui donne par ostentation est semblable à un
rocher couvert de poussière ; une pluie abondante

survient et ne lui laisse que sa dureté. » Toute la grandeur arabe sortit du Koran.

Enfin, quand la pure doctrine est abîmée et que des peuples, s'en séparant, retomberaient dans le chaos, un Calvin paraît, qui réforme les mœurs ecclé- siastiques, propage l'instruction, recherche la piste du progrès dans les fonds démocratiques.

Jamais la mission ne cesse, et nous l'avons dit, c'est l'humanité des religions qui en a fait l'incomparable bonté. Nous n'avons pas discuté leur espoir en une vie future ; nous ne voulons voir que le bonheur pro- curé à la vie présente par leurs doctrines. Et nous oserons même, pour appliquer celles-ci à l'œuvre actuelle d'assistance, les modifier à notre usage.

Au repas de Béthanie, Jésus disait : « Vous aurez toujours des pauvres parmi vous. » Et à la dernière pâque, la célèbre Cène, il répéta cette grande parole qui est le couronnement de sa mission : « Aimez-vous les uns les autres. » — Nous savons désormais que l'amour ne suffit pas. Notre temps exige des sanctions pratiques, et nous concluons avec notre temps : « Aidons-nous les uns les autres, il n'y aura plus de pauvres parmi nous. »

V

Quand les Poètes sont écoutés

Lorsque des humains nous prouvent, par leur air étonné, et plus ordinairement par de niaises moqueries, qu'ils ne nous comprennent pas ; lorsque nous avons devant nous des animaux, des plantes, des pierres, une levée d'orgueil nous inspire la plus grande estime pour nous-mêmes.

Soyons plus modestes.

Les injustices, les imbécillités et les atrocités qui dominent sur la Terre, démontrent que notre planète est au-dessous de la moyenne.

Il existe certainement des Mondes « juste-milieu » où l'équilibre s'affirme, où la justice que nous poursuivons sans cesse s'établit incessamment. Il en est d'autres, de plus en plus élevés, où la spiritualité l'emporte sur la matérialité, où la justice même n'est plus nécessaire, parce que la bonté règne sans conteste. Pour deviner ces humanités, devant lesquelles nous ne sommes que des enfants bourrus, pour tendre nos pauvres âmes vers leurs cimes rayonnantes, nous avons l'aile infatigable de la poésie s'élançant radieuse à travers l'infini.

La poésie, voilà ce que notre lourde Terre produit de plus subtil, de plus exquis. Elle est le lien fleuri de nos races brutales avec les humanités meilleures. Aussi les joueurs de lyre, ceux du moins dont la vocation est sincère, ressentent si vivement le souci de leur mission, que leur plus grande peine vient de n'être pas suivis par la foule dans leur essor enthousiaste.

Quand les poètes sont écoutés, nous distinguons moins les laideurs terrestres, les égoïsmes humains ; nous nous sentons dans une féerie toute d'azur limpide et de tendres verdures, déliés de la pesante matière ; nous planons sur nos propres misères, et voudrions ne jamais redescendre vers leur sombre abîme.

Quand les poètes sont écoutés, la franchise, la loyauté, la vérité rendent les individus joyeux de se rencontrer, de ne sentir aucune gêne dans les relations sociales ; l'affabilité nous procure des contentements réciproques, la prudence nous conduit dans la bonne voie où les vertus fleurissent, la sagesse nous donne une éloquence persuasive ou cette réserve qui sait tourner un malheur imminent ; l'enthousiasme nous inspire les plus belles actions ; la bonté, le dévouement, l'amour triomphent des bas instincts, des ambitions mesquines et oppressives, des trahisons et des fureurs de l'envie. Alors nous ignorons les querelles individuelles, les chocs brutaux des peuples ; autour de nous, les jardins sont frais et embaumés, les vergers s'embellissent de fleurs ou de fruits, les épis de la plaine semblent écouter le chant clair de l'alouette montant vers le soleil, les prairies courbent mollement leurs herbes tendres vers les ruisseaux qui jasent, les bois frémissent de leurs tièdes verdures et de leurs cris d'oiseaux, des travailleurs passent avec des mots sonores et libres, des couples répètent l'éternel refrain d'amour ; en nous, le paysage est plus gracieux encore et la vie plus lumineuse : nous nous sentons peuplés de sentiments exquis, une joie calme et pleine coule en nos âmes intimement unies à l'âme universelle, rien d'obscur ni de laid ne nous effleure, nous sommes bons, nous aimons la nature, l'humanité, nous devenons vraiment grands, parce qu'au-delà de cette noble et pure élévation morale il n'existe plus d'humains qui nous soient supérieurs...

Voilà ce qui s'accomplit infailliblement, quand les poètes sont écoutés ; mais c'est en des planètes supérieures à la Terre.

Cette existence heureuse pouvait être aussi la nôtre.

Or, loin de là, nous méprisons les poètes. Nous ne réservons nos respects qu'aux faux rimeurs, habiles au commerce de la copie. Qu'un vrai poète apparaisse, nous le dédaignons ; sans doute, un siècle après, nous lui dresserons des statues ; dix siècles plus tard, on dira qu'il fut une gloire de son peuple ; mais, vivant, nous l'accablons de négation, d'outrages, de mortel abandon. Heureux encore, si, dans notre haine jalouse pour l'oiseau s'élançant vers l'azur, nous ne le poursuivons pas à coups de pierres !

Les Hébreux ignorants et vils assassinèrent Isaïe et Jérémie. Les Grecs barbares laissèrent Homère mendiant. Les lourds Romains exilèrent Ovide, et c'est parmi leurs esclaves que se trouvèrent un Plaute, un Térence. L'Italie rancunière bannit Dante, emprisonna Le Tasse. L'ignorante Espagne maintint Cervantès dans la misère. Le rude Portugal exila deux fois Camoëns, le jeta en prison, le fit périr dans le dénuement. L'Angleterre carthaginoise obligea Milton à des tracas perpétuels, et puritaine, Byron à s'expatrier. Les Etats-Unis, ses émules en mercantilisme, abandonnèrent Whitman dans sa pauvreté et firent un professeur du lyrique Longfellow. La pesante Allemagne n'accorda que tardivement à Klopstock une maigre pension de quatorze cents francs, elle comprima d'abord l'esprit de Schiller et oublia longtemps dans la misère celui qu'elle exaltera, une fois mort. La France prosaïque, vulgaire, attaqua Corneille et le laissa mourir pauvre, obligea Racine à se taire pendant douze ans, et permit qu'un La Fontaine errât toute sa vie d'asile en asile.

Mais des noms, des noms encore s'inscriraient. Le martyrologe des joueurs de lyre emplirait un volume. La Terre hait les poètes.

N'importe. Vous qui nous faites deviner les humanités supérieures, ouvrez toujours vos ailes vers l'infini, ne nous abandonnez pas ! Chantez-nous les beautés qui vous apparaissent en d'autres Mondes meilleurs. Quelques-uns entendent vos hymnes, quelques-uns vous comprennent, vous aiment, et ceux-là, en vous propageant parmi nos nations aveuglées, leur enseignent peu à peu votre idéal qui les allège, qui leur fait honte de leurs grossiers égoïsmes, et leur persuade de jour en jour qu'il sied de s'occuper des hommes, autrement que pour les exploiter ou les détruire.

———

VI

L'Art Civilisateur

Diogène cherchait un homme

Je cherche quelqu'un qui puisse admirer à la fois une méchante action et une forme harmonieuse.

L'art, pris en soi, a pour objet, non spécialement la vérité, non étroitement le réel, comme le prétendent les professionnels de ce temps, qui espèrent ainsi masquer leur manque d'idée et d'imagination : son but est la beauté.

Interpréter la beauté, puis la vouloir encore plus belle, enfin chercher à rendre ou à suggérer ce qui est absolument beau, cette tension de tout l'être moral d'un artiste le porte à écarter de lui et de l'œuvre ce qui est vulgaire, égoïste, brutal, c'est-à-dire la laideur. De sorte qu'en poursuivant le beau, il rencontre par surcroît le bien.

Aimer la beauté, c'est devenir bon.

Pourquoi, dès lors, l'art antique a-t-il peu traduit de sentiments altruistes, de gestes philanthropiques ? Pourquoi ce petit nombre d'images de la bonté, qui se manifeste cependant sous la forme de nombreuses vertus ? C'est que l'art n'est pas, comme la poésie, une impulsion à tire-d'aile ; il comprend une part d'exécution matérielle souvent longue, assujettie d'ailleurs aux goûts du jour et de la race, et ceci lui impose une influence. L'ambiance le gouverne à-demi. Et comme il était entouré des rigueurs de la force, des volontés de puissances terrestres, que tout près de lui hurlaient les gens de guerre, il en oubliait le meilleur côté de sa mission.

.Cette mission bienfaisante était là pourtant. Ces temples, ces palais, ces statues, même ces représentations de sujets ou d'idées de domination, recélaient, au moins dans leur aspect agréable ou grandiose, dans leurs lignes harmonieuses, une tendance pacifique, parce que l'art, exigeant de nouveau, est essentiellement tourné vers l'avenir, c'est-à-dire vers la civilisation toujours plus parfaite. Dès ces temps reculés, il travaillait donc pour elle.

Avec l'ère nouvelle de l'humanité, qui agit sur lui comme sur toutes choses du cœur et de l'esprit, il se dégagea peu à peu des pensées et des scènes de gloire oppressive. Œuvres et chefs-d'œuvre des peintres, des sculpteurs, des lettrés, s'inspirèrent de la douceur évangélique ou de la raison des philosophes. L'idée de charité les orienta.

Ce fut un art parfois candide, généralement calme, et qui toujours donna quelque leçon d'humanité. Les actes de l'Évangile, les madones, les docteurs, les saintes, les familles, les repas fraternels et la Cène, puis une foule de Jésus, et des idées à tendance démocratique, prirent la place des fresques guerrières, des foudres olympiennes. Paul Véronèse peignit *la Patience, la Concorde, Grégoire à table avec douze pauvres;* Le Dominiquin, *l'Innocence protégée;* Holbein, *la Richesse et la Pauvreté.* De nombreuses *Charités* furent représentées par Andrea del Sarto, Rubens, Le Guide, les frères Carrache, Jean de Bologne, et beaucoup d'autres. Ce fut par milliers que tableaux, sculptures, basiliques, manuscrits et gravures aidèrent à transformer l'intellectualité et la moralité humaines ».

Les esprits se tournaient décidément vers un avenir paisible et meilleur. La Fontaine écrivait : « Que le bon soit toujours camarade du beau. »

Après la charité, la bienfaisance, mot d'usage plus moderne, mis en avant par l'abbé de Saint-Pierre, eut au 18ᵉ siècle ses représentations spéciales, et donna son nom à plusieurs monuments. Depuis, on ne compte plus les travaux d'art qui ont multiplié les images de la charité, de la bienfaisance, du secours fortuit, de l'aide mutuelle, de la fraternité, et autres résultantes de la bonté.

Aujourd'hui se caractérise par une tendance volontaire à délaisser les tableaux et glorifications de la force, des batailles, des gloires tumultueuses, pour les arts de la paix. Cette orientation doit être encouragée ; il faut rendre nombreux les aspects qui améliorent l'âme, et reléguer au second plan ceux qui exaltent ses passions aveugles.

La vraie beauté est là, dans les lignes calmes, les sereines harmonies, qui communiquent à l'âme leurs paisibles douceurs. Tout ce qui nous entoure nous impressionne. Délaissons donc les fausses classifications, les distinctions ridicules entre les arts supérieurs ou beaux-arts et... les autres. Pénicaud, émailleur, Boule, ébéniste, et Benvenuto Cellini et Bernard Palissy, et le Nôtre, jardinier — pour ne citer qu'eux, ne furent ils pas de vraies gloires ? Tous les reflets, toutes les interprétations de charme et de vérité embellissent l'âme, l'épurent, et affinent le sentiment. Les contours d'un paysage fleuri, d'un vase élégant valent mieux pour l'éducation des hommes que le spectacle d'une victoire guerrière. Quand les symboles rejoindront l'esprit pur, l'art civilisateur atteindra le maximum de sa puissance. Il convient de bien penser avant de bien exprimer. Et le rôle des artistes fut toujours un enseignement, une suggestion morale. Ils se donnèrent à nos troubles, à nos langueurs, à nos angoisses, à nos effrois, afin de nous les éviter.

L'art allège, purifie nos disgrâces natives. Tous génies sont essentiellement actifs et passionnés, et nous communiquent leur flamme de désir, d'espérance et d'amour.

Notre communion en leurs œuvres nous guide vers le destin, à travers le mystère des pays vierges — ou débarrassés de l'ivraie, grâce à leurs efforts. L'art est donc éducateur, et l'interprète immortel de l'esprit et de la beauté, je veux dire de la sagesse. Mais il a été souvent détourné de son objet. Actuellement, il ne touche guère les grands problèmes du cœur et de la pensée collectifs. Il est trop inutile.

Qu'il soit peinture, sculpture, gravure, architecture, il a une mission naturelle d'élévation morale ; ramenons-le dans la bonne voie, remontrons-lui le but. Il y gagnera en beauté, dès qu'il sera souplement adapté à l'évolution nouvelle du progrès. Et nous parlons de tous les arts, nous faisons appel aussi au plaisir sacré de la musique, qui, en dépit des sceptiques, « adoucit les mœurs », à l'art littéraire enfin, qui serait un agent si actif, si commode pour la propagation de l'idée et des œuvres de la bonté.

———

VII

PHILOSOPHIES

L'humanité est affligée de deux sortes de folie. L'une, heureusement rare, est une maladie que l'on soigne en des hospices spéciaux ; elle fait en comparaison de la seconde fort peu de victimes. L'autre, malheureusement très répandue, mais que l'on se garde de désigner par son nom, a pour causes l'envie, l'orgueil, l'arbitraire, l'égoïsme, la superstition, le sectarisme, la tyrannie, l'esprit de conquête. Cette folie-ci a déchaîné la plupart des calamités humaines ; ses victimes sont innombrables.

Contre elle, le remède le plus direct est la culture de la raison. Et ce fut l'œuvre des philosophes, de préparer peu à peu le succès inévitable de la raison sur l'ancienne folie.

Née dans toutes les régions terrestres où la pensée offrait quelques développements, la philosophie, amie zélée du savoir et du bon sens, fleurit surtout en Grèce. L'idée du bien qui animait Platon est restée jusqu'à nos jours le guide de ceux qui recherchent la vérité et la sagesse ; il en faisait le soleil et aussi le principe des intelligences, le modèle suprême de toutes nos actions. Aristote, en préférant la vérité au sentiment, l'art de persuader, l'effort de penser avec méthode, présente quelque sécheresse ; mais il a donné une profonde impulsion aux études positives, à la logique ennemie de nos funestes erreurs, et ses conclusions sont d'ailleurs favorables à l'amitié, à la libéralité, à la bonté.

Les Romains continuèrent la philosophie grecque. L'éclectique Cicéron y mit de l'ordre, et donna ses préférences aux idées qui élèvent les caractères ; le stoïcien Sénèque s'occupa surtout de morale, conseillant des mœurs pures, blâmant l'avarice, expliquant la communauté humaine, la charité nécessaire : un de ses traités, « De la Bienfaisance », indique les devoirs du bienfaiteur et de l'obligé ; Plutarque fut un actif défenseur des théories de Platon et d'Aristote, ses écrits moraux ont éclairé bien des esprits, comme telles de ses *Vies illustres* aident à former de grands caractères.

Le moyen-âge, et surtout les temps modernes, ont élargi l'étude de la sagesse. Augustin, Abélard, Bacon, Thomas d'Aquin, Gerson, Montaigne, à des titres divers, ont accoutumé les hommes à se préoccuper de ces graves questions qui traitent de leur bonheur. Enfin Descartes fixa la méthode, préconisa l'expérimentation, la nécessité d'établir une vérité évidente.

Bien d'autres œuvres seraient à rappeler, suscitées par cette étude, cette recherche du vrai bonheur,

La vie heureuse est le problème qui captive le plus les humains ; pourquoi donc ne l'ont-ils pas encore résolu ? C'est qu'ils croient trouver la solution dans les seules et immédiates satisfactions des sens ou de l'orgueil ; c'est que l'expérience même ne leur inspire guère d'autre prudence que celle d'accumuler des biens matériels, pour que ces satisfactions leur soient constamment assurées. S'ils y parviennent, ils sont ces riches isolés dans leur égoïsme, ou entourés de salariés qui les détestent, de flatteurs qui les dépouillent ; s'ils n'y parviennent pas, ils restent pauvres et aigris. Tristes hommes, qui s'inventent des tracas superflus, et que rongent l'envie, la cupidité, la bestialité des sentiments, la fureur assassine de posséder !

Les bons philosophes nous apprennent que la clef du bonheur est la sagesse. Savoir que nous sommes peu de chose, que nous n'emportons rien dans la tombe, et qu'il suffit de pourvoir aux besoins restreints de notre courte existence, voilà qui fait tomber à nos pieds tous ces poids qui nous accablaient, ces désirs exagérés, ces niaises vanités, ces folles ambitions, qui seuls nous rendaient anxieux, mécontents de nous et des autres. Connaître notre vocation et la réaliser, faire notre devoir, maintenir notre droit, respecter les voisins comme nous voulons en être respectés, voilà ce qui est nécessaire et suffisant. Si de plus nous aimons et aidons les autres de la manière dont nous souhaitons en être aimés et aidés, nous avons accompli tous les efforts indispensables à notre bonheur.

Telle est la sagesse, tel est l'enseignement des philosophes depuis des siècles attachés à cultiver la raison, à nous convier à une vision juste des choses. Si la leçon était suivie, tôt disparaîtraient querelles et misères. On comprend si bien que pour vivre sagement, il faut d'abord vivre en paix avec les hommes ! Or, s'ils souffrent, aucune paix n'est à espérer. Aidons-les, aidons-nous à guérir au moins ce qui est guérissable : la pauvreté, l'abandon, la misère, et nous connaîtrons enfin la société ordonnée selon la logique des saines philosophies.

———

VIII

Le Progrès par la Science

L'espèce humaine n'a progressé d'abord que par l'exercice spontané, très irrégulier, parfois très contrarié, de ses bons instincts, et par les œuvres de l'intuition, les élans spirituels : religion, poésie, art. Puis la philosophie conféra au progrès un caractère de méthode. Mais ici, dans la question de précision ordonnée, la science devait donner le dernier mot.

Aux temps primitifs, la violence régnait, perpétuelle. Ce fut l'ère de la férocité, qui est un péril, et de la méchanceté, qui est un crime. Que d'années il fallut peut-être avant de savoir s'armer d'une branche d'arbre dépouillée, d'un silex aigu ; avant de comprendre l'utilité du feu, la possibilité de défendre l'entrée des cavernes par un rocher roulé jusque-là, première porte et première fortification !

Le savoir balbutiait son alphabet, épelait la numération sur les dix doigts ; le progrès se déchiffrait lentement, s'appuyant sur des découvertes simples et fortuites, rarement sur la réflexion, sur l'esprit de comparaison, d'analogie, de différence. On était accaparé par la question urgente des subsistances, par cette vie quotidienne si exigeante qu'aujourd'hui encore nous nous plaignons du peu de loisirs qu'elle nous laisse.

Au travers d'incessantes secousses, on pouvait croire : c'est si vite fait et si bon d'espérer ! On put bientôt chanter, puis ciseler, et même parfois raisonner. Mais rechercher un objet matériellement utile, rien qu'utile ; faire, en un mot, une invention qui aide l'homme à mieux vivre, cela représente de patientes investigations, toute une mathématique antérieure et obligatoire. Aussi l'antiquité, à côté de ses nombreuses célébrités religieuses, poétiques, artistiques, philosophiques, offre peu de noms de savants. On y compte aisément les Esculape, les Hippocrate, les Archimède, les Pline.

Avec les siècles, et bien que l'humanité persécute les inventeurs presque autant que les poètes ; avec les sociétés plus civilisées, la science a plus de loisirs, les savants se multiplient. Enfin le grand mouvement s'affirme, de Gutenberg, de Colomb, de Paré, de Newton, de Galilée, aux Lavoisier, aux Lamarck, aux Condorcet, aux Cuvier et leurs émules, qui ont vraiment fondé une ère scientifique au temps de la Révolution française.

Désormais, la science ordonnée s'avance d'un pas de plus en plus sûr. Elle ne s'arrêtera plus. Chaque jour corrige, améliore la découverte d'autrefois ou de la veille, ou en ajoute une nouvelle. L'humanité, qui a trouvé dans ce progrès matériel une vie plus calme, plus aisée, y gagnera bien davantage, quand les mœurs et les institutions seront dignes du développement scientifique, surtout lorsque la science sociale fondera à son tour l'ère de la justice pour tous.

Le savoir est un grand moyen de conquérir le bonheur. C'est une force qui nous y porte sans que, souvent, nous nous en doutions. Mais des écueils dangereux sont à éviter. La science est mauvaise, quand elle se borne à inventer des armes nouvelles pour la conquête, sans chercher, par compensation, à diminuer l'état de guerre. La science est atroce et menteuse, quand elle se livre aux pratiques de la vivisection. La science est aveugle, quand elle nie les facultés idéales, quand elle insinue bassement que les génies religieux, poétiques, artistiques, furent tout bonnement des névrosés. Puis elle est, quelquefois, en plus de ses aberrations, pratique à faux. Socialement, elle a servi jusqu'ici l'intérêt capitaliste.

Il est impossible à la science, dit-on, de prévoir les conséquences de ses recherches ; elle aurait tort de s'en préoccuper, car elles sont indéfinissables dans l'ensemble des connaissances antérieures ou futures. Cette observation peut concerner également les autres domaines intellectuels. Cependant il existe en art comme en science, en philosophie comme en religion, un principe, que l'instinct de recherche et l'esprit de méthode développent en réalisations diverses, en découvertes, auxquelles notre égoïsme assigne souvent des applications, des adaptations fallacieuses ou nuisibles.

Il faut dégager son but précis. Il faut qu'elle aide avec impartialité à refaire l'histoire vraie, celle de la bonté, des religions, des poésies, des arts, des philosophies, c'est-à-dire à poser les bases d'une instruction qui cesse d'être tournée vers les seuls appétits et actes matériels ; qu'elle aide à établir les solides principes de notre intellectualité, entr'autres de l'éducation, qui, bien instituée, changera l'humanité dans le sens définitif de la paix ; qu'elle veille utilitairement, c'est sa mission, à organiser la prévoyance, l'hygiène, la médecine ; qu'elle s'attache enfin à des inventions ayant toujours pour objet le bonheur humain.

Depuis l'ouvrage de Kropotkine, sur l'Entr'aide, qui s'opposait à la « lutte pour la vie » de Darwin ou plutôt la complétait intelligemment, le mot a pris une large envergure. Tout homme raisonnable désire une organisation décisive et forte de la fraternelle assistance. La science se doit de contribuer puissamment à cet important progrès, car elle nous a beaucoup promis.

Les Bonnes Politiques

Ici nous abordons un domaine hérissé d'épines, peuplé de rocs stériles que du sang et des larmes rouillent, coupé d'embuscades et d'abîmes. Plusieurs même s'étonneront qu'au moment de creuser les fondations d'une nouvelle œuvre de bienfaisance, on se réclame d'un art qui fut souvent perfide, d'une science qui fut souvent monstrueuse. Mais la mission de bonté oblige; il ne faut décourager personne.

Sans doute, la politique, comme l'histoire qui est surtout son histoire, offre une innombrable série de mensonges, d'injustices et d'horreurs. Elle a servi principalement l'envie des médiocres, l'orgueil des brutes, l'égoïsme des riches, l'ambition féroce des dynasties et des castes, les despotismes, les sectarismes, les tyrannies ; toutes les guerres de conquête et les massacres civils ont été causés, commandés ou excusés par elle, et elle a prêté la main à la plupart des meurtres de grands hommes, à ces crimes contre le génie et la vertu, qui restent la honte des nations.

Elle fut rarement une institution de bonté, et souvent une œuvre de méchanceté.

Toutefois il faut noter, d'abord que la méchanceté n'est pas fatalement son but, ensuite que nous avons la preuve de ceci dans quelques bonnes politiques.

Le but de la politique, celui du moins qu'elle ne devrait jamais perdre de vue, c'est de s'occuper des affaires publiques avec honnêteté, impartialité et justice. Cette manière de gérer les Etats est la seule qui fasse les peuples heureux. Dès que les chefs ou les mandataires agissent autrement, c'est-à-dire soumettent les intérêts généraux à leurs intérêts particuliers, les nations souffrent, entrent en décadence, deviennent les sujettes d'autres pays ; enfin elles meurent, avec les fâcheuses politiques qui ont causé leur ruine. Ce qui démontre, en plus, la sottise des mauvais politiciens.

Les preuves que l'on puisse gouverner les hommes sans être une canaille, ne manquent pas, même dans le passé à-demi barbare.

Les nations d'Asie, l'Egypte, eurent quelques bonnes périodes avec des monarques ou des ministres plus organisateurs que guerriers ; l'histoire de Joseph est dans toutes les mémoires, et les Hébreux connurent la vie tranquille à l'ombre de leur vigne et de leur figuier, sous Josué, les juges et quelques-uns de leurs rois.

En Grèce, Solon décréta que les débiteurs ne seraient plus emprisonnés, que les pauvres ne payeraient plus d'impôt, que le respect lierait tous les membres de la famille, que tout le monde devrait travailler, que les étrangers seraient bien accueillis, que les esclaves maltraités pourraient exiger d'être cédés à un autre maître. Aristide fut un modèle de justice et d'honnêteté. Périclès fit briller à Athènes une des plus belles époques d'art et de civilisation.

Numa donna à Rome les institutions pacifiques qui, mieux encore que le glaive de ses légions, assurèrent longtemps sa puissance. D'autres chefs surent organiser la république, aidèrent le peuple à conquérir ses droits. Les Gracques, Scipion Emilien, Cicéron, eussent prévenu la tyrannie des Césars et la décadence, sans l'opposition des riches et des grands qui les firent périr. Auguste et Mécène aidèrent la floraison d'un des plus beaux siècles du Monde.

Charlemagne dépasse tous les grands conquérants, non par ses guerres où il n'est que leur égal, mais par sa législation, par une organisation basée sur le mérite et le droit. Louis IX, Charles V, Michel de l'Hospital, Henri IV, Sully, ont montré ce que peuvent l'intelligence et la justice pour le bien des nations. Louis XIV, moins l'orgueil, et Colbert, contribuèrent à l'éclat du dix-septième siècle. Turgot, écouté, nous eût évité les violences de la Révolution.

D'autres exemples, nombreux encore, pourraient s'inscrire en preuve que des politiques loyales, amies des arts et de la paix, soucieuses de gérer avec équité les biens publics, ne manquent presque jamais de rendre les populations heureuses. Et s'il y en eut dans un passé à-demi barbare, faudrait-il donc un grand effort pour n'avoir plus que de celles-là désormais ?

Oui, nous faisons appel à la politique, à la bonne. Elle peut beaucoup ; c'est elle qui organise, légifère, institue, dirige. Qu'elle le veuille fermement, et elle fera gagner des siècles à la solidarité humaine.

Mais nous touchons la fin de notre incursion dans les domaines intellectuels de la bonté. La politique sert de limite ; c'est pour cela sans doute qu'elle fut souvent envahie par les méchants. Au-delà, ne règnent plus que l'envie, les disputes, les vanités, les querelles, les luttes, l'égoïsme, l'oppression, les guerres, le désordre : toute l'autre moitié des actions humaines, contre laquelle nous marchons et qui n'a rien à voir dans l'élaboration d'une œuvre nouvelle d'amour fraternel, de cordiale assistance.

X

Les Mœurs

Sans l'exercice des bons sentiments et la culture des facultés intellectuelles, nous en serions encore à l'état barbare des âges primitifs. Retirez au genre humain ses doctrines morales, ses chants lyriques, sa recherche de l'harmonie, ses efforts vers la raison, ses inventions, et l'administration de ses quelques chefs justes, il ne lui restera que la vie obscure et rude des cavernes, une nourriture de fruits, de racines, de chairs crues, ses massues de bois, une série de cris à peine articulés en paroles, pour tous vêtements des peaux d'animaux, pour toutes occupations des luttes quotidiennes, furieuses, entre ses individus sauvages et contre les bêtes féroces. La plus large entr'aide donnée jusqu'ici aux hommes l'a été par ses intellectuels ; ce sont ces derniers qui ont maintenu leur existence, développé leurs moyens d'acquérir plus d'aisance, façonné peu à peu leurs mœurs polies, aidés en tout cela par les instincts de dévouement, d'amour, de bonté.

C'est une erreur de croire que les mauvais, malgré certaines apparences morales, et même certains talents, aient jamais produit un vrai bien pour le Monde. Leurs actes aboutissent, tôt ou tard, au mal et au désordre. Seule la bonté fleurit en savoir, en sagesse, en progrès ; elle est la grande éducatrice. Les mœurs douces, affables, et toute la véritable civilisation, celle qui ne se fait pas à coups de fusil, viennent de ses principes fertiles, de sa pratique qui est l'entr'aide, et de ses découvertes qui comprennent toutes les œuvres intellectuelles.

Ces efforts perpétuels de l'âme, du cœur et de l'esprit ont de siècle en siècle transformé notre chair rétive, de despote qu'elle était, en un outil de perfectionnement. Ils ont inculqué aux hommes le sens de l'altruisme, leur ont démontré que les actions généreuses sont encore ce qu'il y a de plus habile. L'égoïsme, entouré, usé de jour en jour, a dû adopter des moyens d'oppression moins brutaux ; autrefois, on lui érigeait des temples, et naguère encore, quelque orgueilleuse colonne de bronze ; aujourd'hui, il ne s'avoue presque plus, délaisse souvent la force pour recourir à la ruse ; demain, il devra se cacher honteusement, côte à côte avec les criminels. Ainsi le passé féroce se recouvre lentement d'une vague d'amour général et pur, logique et salutaire.

Nous marchons vers la réalisation de l'harmonie à l'infini.

L'état des mœurs actuelles est loin d'être parfait. Cependant, quiconque sait un peu d'histoire n'hésite pas à reconnaître un progrès considérable dans les habitudes des hommes. Guetter une proie, cette obligation commune des premiers âges, n'est plus guère que l'acte des criminels et aussi des écumeurs de la finance, des pratiquants de l'agiotage. Le travail régularisé assure une vie presque suffisante à un grand nombre de personnes. Les lois sont moins dures qu'autrefois, et même les guerres monstrueuses comme celles de 1870 et de Mandchourie, les massacres affreux comme ceux de la Commune et de la Révolution russe, sont bien moins fréquents que dans l'antiquité, où l'on guerroyait et massacrait peut-être chaque année. L'habitude de la paix, la conscience de nos devoirs humains, ont établi entre nous suffisamment de confiance, de tolérance et de politesse, pour que les admirateurs exclusifs du passé nous paraissent d'aveugles rétrogrades.

Mais, osons l'avouer, nos sociétés ont conservé beaucoup de sentiments mauvais. Il reste énormément à faire avant d'atteindre à la perfection. L'égoïsme des possesseurs de grandes richesses et des puissants gouvernementaux, la pauvreté des peuples, la misère d'individus nombreux, retardent la concorde. En haut, persistent la dureté, l'orgueil, l'insolence, l'avarice, le vol en grand, l'assassinat financier, le meurtre dit légal ; en bas, répondent inévitablement l'envie, le mécontentement, la colère, la révolte. On donne aux enfants une éducation mal inspirée, qui approuve et recommande le souci du gain, l'adresse en affaires, le culte de l'argent, le respect de la force, au lieu de mettre toute cette matière pesante au second rang, et de louanger d'abord les sentiments élevés, l'amour de l'idéal, l'admiration du beau et du vrai, l'héroïsme caché des nobles caractères. Aussi notre tranquillité sociale n'est que superficielle ; en-dessous, règne toujours le désordre, qui trahit sa présence de temps à autre, et éclatera sans doute encore en violences très meurtrières. Observons de plus, en haut la légèreté, l'immoralité et la débauche, en bas les privations, le manque d'hygiène, l'alcoolisme, le surmenage, la phtisie presque synonyme de misère ; nos populations contemporaines sont malades, elles descendent vers des mœurs fatiguées, bientôt dépravées. Et ce n'est pas tout : par suite de notre horreur des fondateurs religieux, des poètes, des artistes, des philosophes, des savants, des bons politiciens, nous nous laissons administrer, neuf fois sur dix, par des médiocres, des nullités prétentieuses, qui nous sabotent des lois boiteuses, favorisent de plus en plus les grandes fortunes, si meurtrières, et nous font payer cher des organisations précaires ; ainsi nous allons, en riant d'aise, à la ruine nationale. Il y a aussi, à côté de nos platitudes, de nos vulgarités, un levain persistant de méfiance, de grossièreté, de moquerie, d'irrespect, ou au moins d'indifférence, révélant trop souvent les sauvages que nous sommes en partie restés. Enfin, les doctrines funestes de la lutte pour la vie, et de l'individualisme, sont à la veille de refaire, de nous tous, des ennemis comme aux temps barbares. Nous sommes civilisés surtout à la surface; en nous-mêmes, si la bête humaine n'est pas intacte, elle garde assez de retours offensifs pour qu'un cri d'alarme soit urgent.

Il nous faut réagir, lutter à la fois contre l'avarice et l'envie, retenir les gens qui vont se brûler aux gloires de parade, la meilleure étant toujours vaine. Ne partons plus derrière des phrases creuses, soyons précis, observateurs, conquérons notre calme, redevenons nous-mêmes. Imposons-nous de guérir les troubles moraux et les souffrances corporelles de chacun ; prenons des précautions pour qu'ils ne se renouvellent pas. On dirait que l'humanité s'ingénie à compliquer l'existence pour multiplier ses peines. Ayons la prudence, la sagesse ; étudions, exerçons-nous à juger juste. Fuyons les milieux d'admiration mutuelle, et intéressée ; ils déforment nos facultés, détruisent toute personnalité, tout caractère.

Mais évitons aussi la solitude, qui rend égoïste et inutile, à moins que ce ne soit la solitude passionnelle, momentanément indispensable au travail fécond. Travaillons pour la vie, ne luttons que pour la bonté. Tout effort de dévouement, même confus, porte des fruits pour soi-même et pour les autres. Disons toujours non aux tentations, aux subterfuges du mal ; ne soyons énergiques que pour le bien. Dédaignons les moqueries ; elles sont inévitables, tant qu'il y aura de la bassesse humaine. — J'ai commencé une action que je crois fertile, par une Revue, un Cercle, des essais de groupements. Les hostilités vaniteuses ou intéressées m'ont surpris d'abord. Elles ne m'étonnent plus. Au reste, se voir combattu et bafoué n'est pas sans charme, et vaut en outre les belles compensations de dévouements enthousiastes, de chaleureuses amitiés protestataires et durables celles-là. Je persisterai tout en continuant à ne prendre, pour juge, que ma conscience ; quand on m'accablera des pires injures, c'est que j'aurai atteint le but : alors le succès viendra, par moi ou par d'autres, et même les plus ignobles détracteurs du début s'y rallieront. C'est ainsi.

Puisque les missions de bonté passent toujours par ces alternatives, ne considérons que la réussite finale et faisons appel à tous. Ne relevons que de nous-mêmes. Fermons les yeux sur les méchancetés, affirmons que l'accord de tous est nécessaire, et ce sera une première arme ravie aux égoïstes railleurs.

Le problème de l'éducation des âmes, des caractères, est un des plus graves. Nous devons nous y attacher étroitement. Mais pour le résoudre, c'est-à-dire préparer une société meilleure, nous n'aurons pas d'auxiliaire préférable à la femme. C'est ici le plus beau de ses rôles. La femme aisée, et l'ouvrière, feront plus pour leur cause, avec de la cordialité, de la bienveillance, de l'aide mutuelle, qu'avec toutes les revendications ; et leur exemple peut suffire à entraîner la majorité des hommes vers la mission bienfaisante, dont l'heure est venue.

Alors nous verrons les mœurs, améliorées par une organisation forte et générale de la bonté, contribuer à effacer la misère, les brutalités, le désordre ; et à leur tour elles profiteront de la paix reconquise, deviendront l'agrément des populations, la fleur exquise des cités d'harmonie si longtemps rêvées.

XI

Chacun pour Tous, Tous pour Chacun

« Chacun pour soi et Dieu pour tous » est une maxime d'égoïstes, qui peut aussi parfaitement convenir aux gens qui vivent du vol et du crime.

Il en est une autre d'une morale autrement supérieure, mais que l'on entend plus rarement, si même on ne l'a pas oubliée.

Au cours des soulèvements de plusieurs peuples européens, entr'autres en France au temps des communes, les populations des villes, et peu à peu celles des campagnes, opprimées par les rois, les seigneurs et les évêques, propagèrent une maxime d'une si parfaite humanité qu'elle peut servir à toutes les nations asservies et pour jusqu'à la fin des temps. *Chacun pour tous, tous pour chacun :* la paix, le bonheur, la confiance, la politesse sociale, l'impossibilité des excès de la richesse, la possibilité de supprimer la misère, toutes les bontés, toutes les beautés de la vie, tiennent dans cette formule.

C'est l'harmonie de l'existence réalisée.

Ce principe d'un communisme éclairé n'entame pas l'autonomie individuelle, mais il exige que chacun se préoccupe de la collectivité. L'individu ne peut pas s'abstraire de la société. S'il essaye de vivre seul, son unique avantage est d'éviter les peines communes, tandis que les inconvénients sont nombreux : c'est la tristesse inséparable de l'isolement, jointe à ce juste « retour des choses » qui l'abandonne dans son coin, son égoïsme bientôt connu, et dès lors on le délaisse ou on l'oublie, on ne le plaint pas s'il souffre, on le secourt à peine s'il crie à l'aide. Se « retirer de la circulation » est un mauvais calcul. C'est, de plus, devenu si difficile en nos temps, que les pauvres et même les gens aisés ne se trouveraient plus d'ermitages ; ce genre d'égoïsme ne serait accessible qu'aux riches, au fond d'un parc sévèrement muré. L'individualiste absolu est un prisonnier, dont le geôlier est lui-même.

Au contraire, l'homme qui accepte sa part des charges communes, rencontre autour de lui des cordialités, une aménité, qui le soutiennent. Ses peines s'allègent par une sorte d'attirance de la vie ambiante où elles se fondent peu à peu. Il est à l'occasion secouru, et si des joies publiques passent devant sa porte, il peut s'y mêler ; on l'y invitera toujours fraternellement. Sa force s'augmente des forces voisines, sa conscience le laisse en repos, son devoir étant accompli. Son caractère s'affine et se spécialise au contact des autres.

Ainsi l'homme sociable développe sa personnalité, tandis que le solitaire la voit dépérir en lui-même et se dissoudre.

L'association est toujours la meilleure base des communautés humaines. Elle contient le droit à toutes les libertés, et le devoir de ne pas restreindre les libertés voisines. Elle a pour objet de réunir tous les efforts, de mettre en ordre et en valeur les intérêts personnels et réciproques. On pourrait dire qu'elle constitue l'égoïsme normal, bien compris, se satisfaisant en contentant les autres : tel, enfin, que La Fontaine l'a indiqué par ce vers immortel :

« Il se faut entr'aider, c'est la loi de nature ».

Si, de l'individu, nous passons à la famille, la maxime du « chacun pour tous, tous pour chacun » reste aussi favorable. Il s'y joint seulement quelques complications, quelques éléments nouveaux.

Sans prendre une famille vivant de rapines, qui ferait la démonstration trop facile, voyez celles-ci, guidées par leur intérêt exclusif. Vous les rencontrerez fréquemment, et leur destin, malgré d'apparentes exceptions, est invariable ; il y faut seulement parfois des délais, mais tôt ou tard, dans le mal comme dans le bien, *tout se paye*. — Dans le genre avare, ses membres n'offrent que sécheresse, dureté ; elle est rebelle aux pauvres, même aux gens momentanément gênés ; on s'écarte d'elle, on l'isole. Dans le genre luxueux, le père ne songe qu'à ses plaisirs, la mère à ses fantaisies ; les fils rêvent de la forte dot qui leur permettra d'imiter la légèreté paternelle ; les filles, de la situation qui leur donnera des toilettes tapageuses et des amusements ; tous, ont ou auront les unions trompeuses qu'ils méritent, les déboires qui en sont inséparables. Dans le genre méchant, ils sont cancaniers, médisants, calomniateurs, et des haines grandissent autour d'eux. Ces familles vivent en dehors de l'esprit général ; parfois elles entrent en guerre les unes avec les autres, et l'histoire a enregistré un certain nombre des ruines que leurs crimes ont produites. Quand elles tombent, le désastre est complet ; nul ne les défend, ou du moins chacun pousse un soupir de délivrance.

En regard, — et malgré toutes exceptions passagères, — la famille paisible, laborieuse, sans avarice, bonne aux autres, accessible au voisin, partageant les joies et les peines communes, aidant ceux qui souffrent, trouvera du secours à l'occasion. Elle est estimée, considérée ; on prend conseil d'elle, c'est un exemple vivant de fraternité, de politesse, de dignité. Elle est la vraie base des sociétés.

Si l'on voulait chercher des faits contraires à ces bons résultats d'une entr'aide générale, on arriverait peut-être à démontrer qu'un individu peut encore vivre dans un ermitage ; que même une famille mauvaise peut subsister malgré les rancunes et les haines qui la guettent. Mais on trouverait peu d'exemples de sociétés égoïstes qui n'aient pas sombré totalement. Carthage reste un des plus nets souvenirs de la fin terrible réservée aux nations gangrenées par le lucre, par le mercantilisme ; de nos jours, l'Angleterre est isolée par sa rage d'accaparements, au point qu'elle ne trouverait sans doute aucun appui, si, par hasard, un cataclysme détruisait sa flotte de guerre. D'autre part, relisez l'histoire des cantons suisses : quand ils vivaient désunis, ce n'étaient que querelles, batailles entre eux, morts et ruines, avec l'assujettissement aux pays voisins ; leur confédération les sauva. En France, les anciennes provinces luttaient les unes contre les autres, séparées par des haines de terroir et de race ; des droits excessifs les isolaient, et telle périssait de faim, tandis que la voisine ne tirait aucun parti de son abondance ; l'enthousiaste fédération de 1789-1790 renversa les barrières, fondit les obstacles, et de ces provinces déchirées fit un seul pays fraternel et puissant. Encore aujourd'hui, les décentralisateurs ont raison de réclamer la renaissance des provinces, mais pas un ne songe à revenir aux divisions hargneuses de jadis. Au contraire, un invincible courant porte les sociétés, les Etats, à s'entendre pour une vaste confédération de l'humanité.

Et nous parvenons ici au sommet des bienfaits du « chacun pour tous, tous pour chacun ». Nous voici planant sur les individus, les familles, les sociétés. Toutefois la question n'a pas changé, l'humanité heureuse est simplement sa suprême solution. Le cercle est parfait : l'individu rejoint l'individu, non plus comme type, mais comme masse, comme ensemble. C'est le couronnement de l'édifice, l'intérêt de la collectivité terrestre dans l'intérêt de chacune de ses parties constituantes, et réciproquement.

Que la bonne maxime soit donc ressuscitée, proclamée, propagée dans tous les pays, et chaque jour verra multiplier le bonheur humain. La mission doit être universelle, sinon l'oppression la traquera sur quelques points et l'entravera peut-être encore pour des siècles. Aussi devons-nous commencer avec prudence, étudier avec soin le problème, discerner les qualités des actes divers de la bonté, choisir les meilleurs moyens de succès. Considérons d'abord avec attention le rôle joué dans l'humanité par les trois grandes applications de l'entr'aide : la charité, la fraternité, la solidarité.

XII

La Charité

Cette manifestation de la bonté humaine que l'on nomme charité a toujours existé. Elle est ordonnée par les plus vieilles morales religieuses, les maximes des sages la recommandent, et en lisant attentivement les œuvres des littératures anciennes, on en reconnaît les gestes secourables. Mais le monde était trop dominé par les instincts guerriers pour lui permettre une extension large et surtout lui accorder des sanctions publiques. Les intellectuels ne songeaient guère encore qu'ils avaient le devoir de la célébrer, de la propager. Il manquait enfin aux hommes une lassitude de tant d'horreurs barbares, aux esclaves un désir précis de s'affranchir, à tous une doctrine qui eût synthétisé les bons sentiments antérieurs.

Le christianisme fixa cette doctrine.

Une part considérable des Evangiles conseille l'amour du prochain, c'est-à-dire de tout être humain sans exception. Cette confraternité générale y est exprimée de plusieurs manières, depuis les services mutuels entre chacun, les secours aux pauvres effectués sans ostentation, les consolations aux affligés, l'aide aux faibles, la protection aux esclaves, jusqu'au sacrifice des biens à la communauté, jusqu'à cette miséricorde même qui ordonne le pardon des offenses et dit ce qu'avaient dit déjà les philosophes grecs : « Si vous n'aimez que ceux qui vous aiment, quelle récompense en aurez-vous ? Faites du bien à ceux qui vous haïssent. »

Les peuples asservis comprenaient enfin que l'on s'occupait d'eux, que leur cause était prise en considération, qu'ils ne seraient plus un troupeau de muets, de victimes enchaînées. Ils se relevaient, prenaient conscience de leur valeur, de leur dignité. Aussi vinrent ils les premiers, et leur conquête pacifique fut la plus grande moisson des apôtres de la charité.

La mission gagna tous les pays connus. Partout les maîtres, sentant menacé leur pouvoir oppressif, persécutaient ces révolutionnaires si dangereux par leur douceur ; mais une partie d'entre eux furent émus à leur tour par la généreuse doctrine, les autres s'y rallièrent par politique. Et ce fut une merveilleuse floraison, internationale par son appel à tous les hommes, pacificatrice et civilisatrice par l'entr'aide qu'elle prêchait quotidiennement.

Il y avait mieux d'ailleurs que des paroles. La charité était appliquée fréquemment, avec méthode. Elle se composait de secours individuels, de visites à domicile, d'assistance en des refuges ; quiconque avait faim, soif ou froid, devait être aidé sans distinction d'origine ou de foi. L'hospitalité, la délivrance des prisonniers, les soins aux malades et envers les morts, étaient obligatoires, pour tous ceux qui « voulaient être sauvés. » Il y avait déjà des essais d'hospices.

En même temps, dans les régions les moins peuplées, des moines défrichaient le terrain, entreprenaient le desséchement des marais, cultivaient plaines et vallées en compagnie des paysans. Autour d'eux et autour des prêtres, se formaient des hameaux, des paroisses, une vie sociale sans cesse améliorée. Ils donnaient l'exemple du travail régulier, des bonnes mœurs ; — ils propageaient le plain-chant qui entr'ouvrait les âmes à l'idéal.

Sous les voûtes des monastères, d'autres se livraient à l'étude, à la science, conservaient les anciens textes par des traductions et des copies. Ainsi les trésors de l'intellectualité étaient par leurs soins gardés précieusement, pour être transmis aux temps futurs.

Puis ce fut l'éducation des peuples barbares, le frein religieux qui mâta autant que possible la férocité des chefs de guerriers. Ce fut le droit d'asile, qui sauva, avec quelques coupables, beaucoup d'innocents poursuivis par la haine de maîtres brutaux. Ce fut la trêve de Dieu, qui diminua un peu les luttes néfastes entre seigneurs, et surtout fit réfléchir les meilleurs sur la possibilité de transformer la trêve passagère en une paix durable. Ce fut enfin la chevalerie, institution d'élégance et de politesse qui promettait de secourir le faible, la veuve et l'orphelin.

De bonne heure, on avait fondé des hospices ou maisons d'assistance destinés à recevoir des pauvres, des orphelins, des vieillards, des infirmes. L'hospice des incurables, celui des enfants trouvés, vivent encore au fond des mémoires populaires.

Les hôpitaux, pour les malades, sont une idée du même temps. L'Hôtel Dieu de Lyon est de 512; celui de Paris date au moins de 829. D'autres villes suivirent l'exemple. On construisit ensuite des maladreries, des léproseries. Les hôpitaux devinrent de plus en plus nombreux. Plusieurs reçurent le nom d'Hôpital de la Charité, dont l'un subsiste encore à Paris, près de Saint-Germain-des-Prés ; un autre, de 1778, est devenu l'Hôpital Necker. Celui de la Pitié remonte à 1612.

Parallèlement, furent institués des ordres charitables, qui prirent un développement considérable vers la fin du moyen-âge. Les confréries de charité de Normandie sont du 14e siècle. Les filles de la charité commencèrent dans la Bresse en 1517. Les frères de la charité, formés en Espagne vers 1540, se propagèrent bientôt en France. Au 17e siècle, se groupèrent les sœurs de charité, organisées en congrégation en 1657. Mais ces quelques rappels, auxquels on peut joindre les bureaux de charité, les ateliers de charité, les dames de charité, suffisent à montrer l'extension de la doctrine d'entr'aide inscrite aux Evangiles.

Il serait aisé d'évoquer une foule de noms illustrés par l'exercice de la bienfaisance chrétienne. Deux surtout viennent d'abord à l'esprit : dans l'ordre de la charité pure, celui de Vincent de Paul, qui consacra sa vie à des œuvres secourables : soins des malades, protection des galériens, recueillement des enfants trouvés, aide aux paysans ignorants, fondation des sœurs de la charité ; et dans l'ordre de la bienfaisance par l'instruction, celui de Jean-Baptiste de la Salle, qui employa vie et fortune à organiser, à propager des écoles pour les enfants pauvres, à former les frères des écoles chrétiennes.

L'effet de cette mission qui dura des siècles, et fut d'ailleurs aidée par les écrivains, artistes, savants, et quelques chefs politiques, se manifesta sous deux aspects très importants. L'un, immédiat, fut un grand nombre de pauvres gens soustraits à la misère, à la maladie, à une mort prématurée ; l'autre, plus lent, fut l'éducation morale par l'exemple, la civilisation des masses entraînées peu à peu en dehors des voies guerrières, vers le progrès, lequel fut toujours œuvre de paix. Les populations améliorées, les esprits assouplis, les âmes habituées à mieux discerner, à nuancer leurs sentiments, étaient préparés à une évolution plus décisive de la bonté humaine.

Car il faut tout dire. La charité, issue du seul amour, et spécialement de l'amour du prochain, reste assez vague. Basée sur l'aumône, ostentatoire, causant de la honte, elle marque trop la différence entre les riches et les pauvres, apparaît comme un objet de luxe, et pour beaucoup un moyen vraiment trop facile d'apaiser leur conscience, leurs remords de trop posséder quand d'autres meurent de faim. Elle fut bonne autrefois et l'on en possède la preuve dans la doctrine et les œuvres que nous avons indiqués. Mais elle a vieilli. Facultative, elle ne répond plus aux exigences contemporaines de l'esprit humain, qui veut d'ailleurs supprimer la honte attachée à l'aumône, et affirmer le devoir absolu de s'entr'aider.

Toutefois, avant de parvenir à la conception de ce devoir, il a fallu traverser une période de transition, celle de la fraternité.

XIII

FRATERNITÉ

La fraternité, indiquée dans l'Evangile, invoquée dans les Actes et Epitres des apôtres, prêchée ensuite par tous les pays, et parfois mise en action, mais fragmentairement, sans adhésion générale, au cours du moyen-âge et des temps modernes, sortit de son obscurité vers l'époque de la Réforme. Jean Bodin, La Boëtie, entrevirent sa nécessité. Au 17ᵉ siècle, Théophraste Renaudot fut un de ses actifs précurseurs ; même des esprits que leur éducation en écartait, comme La Bruyère, Fénelon, Vauban, la sentirent vibrer en eux, en se penchant sur les misères du peuple. Les écrivains du 18ᵉ siècle se montrèrent plus nets à son sujet. Mais c'est la Révolution française qui en décréta la doctrine sociale.

Le club des Cordeliers proposa la devise : Liberté, égalité, fraternité. Il semblait que les discordes allaient disparaître. L'élan fraternel qui soulevait les villes et les provinces produisit cette vaste fédération nationale, consacrée par la fête du Champde-Mars, le 14 juillet 1790. Quand les passions violentes, prenant le dessus, traînèrent la Révolution à sa ruine, le sentiment de fraternité se réfugia au cœur des volontaires de 92, des soldats citoyens qui voulaient délivrer le Monde. Ainsi, Rouget de Lisle, écrivant leur chant de guerre, n'oublia pas la mission généreuse, et c'est elle qui inspire ces quatre vers de *La Marseillaise* :

> Français, en guerriers magnanimes,
> Portez ou retenez vos coups ;
> Épargnez ces tristes victimes
> A regret s'armant contre nous...

Même la Convention déchaînée inscrivit dans sa déclaration des devoirs que « les secours publics sont une dette sacrée. » L'enthousiasme fraternel gagnait les autres peuples, et les tyrans épouvantés formaient des coalitions pour en éteindre le foyer rayonnant. Ils réussirent à l'isoler, à le masquer. Toutefois, malgré les retours de despotisme qu'ourdirent des ambitions meurtrières, malgré le culte de l'argent qui en se développant sema tant d'inégalités et de haines, l'esprit de fraternité continua de se propager.

1848 le remit dans une éclatante lumière. Chants et discours, livres et revues le célébrèrent sur tous les tons. La tribune et les faubourgs se tendaient la main, tous les cœurs se dilataient. Pierre Dupont chantait le travail, la concorde, la cordialité, et buvait « à l'indépendance du Monde. » Le travail surtout parvenait à l'honneur, cessait d'être un objet de mépris. Encore maintenant, on voit des parvenus le traiter avec arrogance et cependant assurer vaniteusement qu'eux-mêmes « sont fils de leurs œuvres. »

L'idée de l'égalité des droits s'y unissait. La philosophie sociale affirmait que sans l'égalité, la fraternité reste incertaine. C'est en effet ce qui lui arriva, et ce qui la fait se dissoudre aujourd'hui : comment être des frères, sous l'écrasement des privilèges bourgeois? La phrase de A. Coquerel est toujours d'actualité : « Une société fraternelle ne mérite plus ce nom lorsqu'un seul de ses membres manque du nécessaire. » Or, tous les jours, des gens meurent de faim en France, et ailleurs.

Pourtant la doctrine avait eu des résultats pratiques.

Le plus fondamental fut la chute des vieilles barrières entre les classes, et même un commencement de fusion de celles-ci. La fraternité produisit ce qu'il y eut de cordialité sociale dans la Révolution et au 19⁰ siècle. Les vies individuelles et familiales se rapprochèrent, préparant l'usure des castes que le pouvoir usurpé et l'argent entassé avaient seuls faites supérieures.

Puis ce fut la propagande fraternelle à travers le Monde, non par les armes, dont l'emploi finit toujours mal, mais par les idées, les livres, les journaux, l'art et la science. La grande famille humaine, anxieusement tournée vers la France où s'était levé le soleil des temps nouveaux, établissait les bases de la future paix universelle.

Les pouvoirs publics durent s'intéresser de plus en plus à la question de l'assistance. Des lois, des règlements l'organisèrent. Encouragées, les œuvres et sociétés philanthropiques, les institutions de prévoyance, religieuses ou laïques, se multiplièrent, et, fidèles au principe, se montrèrent plus tolérantes, plus cordiales.

La plus importante des fondations fut l'Assistance publique. Des hospices pour les vieillards, les enfants, les infirmes, les incurables, les aliénés, furent ouverts. Les hôpitaux pour les malades devinrent nombreux ; on améliora leur construction, leur distribution ; une hygiène constante y fut observée. Tout indigent atteint de maladie dut y être admis. Des donations, des legs, le droit des pauvres, s'ajoutant aux subventions de l'Etat et des communes, permirent des mesures plus efficaces, plus variées. On en vint à créer des asiles de convalescents, des hôpitaux marins pour les enfants débiles, des sanatotoriums populaires pour les tuberculeux pauvres. — Les bureaux de bienfaisance s'ajoutèrent à cette organisation. Une loi de 1796 avait prescrit dans chaque canton un bureau pour distribuer des secours à domicile. Il en existe aujourd'hui plus de quinze mille. Les secours sont donnés principalement en nature ; dans les villes, ils le sont de préférence en argent. Il y a des assistés accidentels, temporaires, ou annuels. Les fonds nécessaires proviennent des mêmes sources que ceux des hôpitaux, et d'un tiers sur les concessions de terrains des cimetières. — Tout récemment, une loi de 1893 a institué l'assistance médicale, donnée gratuitement à domicile, ou, si c'est impossible, dans un hôpital, aux frais de la commune, du département ou de l'État.

On peut rappeler encore, parmi les bonnes œuvres issues de la doctrine fraternelle, les sociétés de secours aux blessés et malades de la guerre, les ambulances civiles, les postes de secours, les récompenses aux sauveteurs, et même des services publics comme celui des pompiers, réorganisé avec une méthode précise qui a beaucoup diminué les incendies et leurs accidents si terribles.

Ainsi la fraternité, parce qu'elle vient à la fois de l'amour du prochain et du souci de sauvegarder la dignité humaine, offre un degré de mieux que la charité. Cependant, basée sur l'assistance, elle maintient encore le droit d'accaparer les richesses, sous le prétexte qu'on a assez fait dès que l'on a versé une contribution, part minime de son superflu, dans une caisse d'assistance. Elle fut bonne transitoirement, comme nous l'avons montré par sa doctrine et ses œuvres. Mais elle doit vieillir, parce qu'elle reste prise dans les vieilles prétentions de castes, de pouvoir, de fortune ; que le travail est trop maintenu dans les bas-fonds sociaux ; que d'ailleurs elle est mal appliquée, et souvent pas du tout. C'est un devoir libre, annulé fréquemment par l'indifférence, l'égoïsme d'en-haut, l'envie et le mécontentement d'en-bas. Aussi la doctrine s'est relâchée, et beaucoup de gens sourient avec dédain quand on évoque les beaux élans fraternels de la Révolution française et de 1848.

Il faut le devoir absolu, l'entr'aide obligatoire, c'est-à-dire l'application de la nouvelle doctrine nommée la solidarité.

XIV

SOLIDARITÉ

En germe et en formation lente dans les sermons, les écrits, les discours d'autrefois, la solidarité attendait son jour au fond des ténèbres sociales. Le mot lui-même était presque inconnu, sauf en matière de droit, où d'ailleurs il désignait une forme de contrat et n'entraînait que des obligations judiciaires. Parfois une lueur de ce devoir fondamental brillait du sein des peuples opprimés, mais elle se perdait dans l'éclat de l'idéale justice que tant de révoltes ont en vain proclamée et si peu obtenue. « L'ordre rétabli » par le fer des tyrans, la justice remise au cachot comme la vérité l'est au fond du puits, la lueur aussitôt s'éteignait, et l'on revenait à l'aide précaire du riche au pauvre, du superflu à la misère.

C'est le 19ᵉ siècle qui a dégagé l'idée. Un sentiment nouveau s'est alors formé au cœur des hommes, ils ont compris qu'aider « leur prochain, leurs frères », est non seulement une vertu, ou un mouvement d'enthousiasme, mais surtout un devoir de bonté humaine et d'intérêt bien compris.

L'humanité de cette obligation s'explique par la communauté d'origine. En dehors des facultés plus ou moins hautes, des aptitudes plus ou moins précieuses, nous sommes tous liés aux mêmes nécessités de l'existence. Homère et le savetier du coin ne peuvent accomplir chacun leur vocation, qu'à la condition de manger, de boire, de se vêtir, d'avoir un abri. Sur ce point, la dépendance est tellement mutuelle, que nul ne peut être absolument heureux que si les autres le sont au moins suffisamment. Ne pas observer l'aide naturelle qui doit maintenir l'équilibre des biens entre les hommes, est donc toujours une faute, et quelquefois un crime.

Quant à l'intérêt bien compris, il réside exclusivement dans le principe de réciprocité. C'est en aidant qu'on est aidé. Les égoïstes finissent mal, soit par eux-mêmes, soit en leur postérité, ou enfin, et ceci est inévitable, par la ruine des régimes oppressifs dont ils font partie. L'excès d'individualisme n'est qu'un déchaînement de l'instinct de conservation, il tend à tout détruire ; tandis que l'association des idées et des forces multiplie les biens, les œuvres, et, organisée sagement, donne à l'autonomie individuelle son plus magnifique caractère.

Or, le Monde parvient si lentement à l'admission des meilleures vérités, que même le 19ᵉ siècle, si démocratique, si scientifiquement progressif, offre d'abord peu d'études et d'actions solidaires. L'idée est indiquée dans un livre de Pierre Leroux, *De l'Humanité*, paru en 1839. Dix ans plus tard, le mot fut employé par un comité démocratique, *la Solidarité républicaine*, dont le secrétaire était Jean Macé, le futur fondateur de la Ligue de l'Enseignement. En 1851, un essai signé H. Renaud, sous le titre de *Solidarité*, expliquait la Théorie sociale de Fourier. Notons enfin, plus près de nous, *l'Entr'aide*, de Pierre Kropotkine, et *l'Idée de solidarité*, par Charles Gide.

Mais la question n'a été vraiment abordée de front, et la doctrine définie, que dans l'ouvrage publié par Léon Bourgeois en 1896 et intitulé : *Solidarité.*

Scientifiquement, le ci-devant président du Conseil nous montre qu'un être doit son existence à d'autres êtres, qu'il dépérit et meurt si le mécanisme général est faussé, et que d'autre part ses actes ont aussi une répercussion sur ses semblables. Socialement, il nous rappelle que l'homme, n'étant pas seul, doit songer aux autres : « L'individu ne pouvant être sans l'espèce, l'espèce ne pouvant durer que par l'individu. » Membre de l'humanité, il faut vouloir la réciprocité des droits et des devoirs. S'isoler, c'est trahir la société, autant que se trahir soi-même. Se solidariser, voilà le moyen de réaliser, et pour soi et pour les autres, la somme de bonheur possible. Le livre d'ailleurs se borne à dégager le principe, à poser les bases de la doctrine, et conclut : « La solidarité qui oblige réciproquement les associés, trouve en elle-même ses lois. »

Heureusement, notre temps n'a pas attendu que ces théories devinssent des lois votées et appliquées. Les œuvres ont précédé la législation. Elles sont dues principalement au peuple.

La plus ancienne fut l'assistance par le travail.

Procurer du travail en était le moyen, et aussi la condition. Il y eut plusieurs essais en des pays voisins, et quelques tentatives en France. Le système est excellent ; mais il le faudrait préparer très sérieusement. Pour l'instant, il reste en suspens.

Les sociétés de prévoyance, de secours mutuel, de consommation, et même de production, réussirent mieux. La mutualité surtout fut implantée solidement dans les idées contemporaines ; ses applications sont nombreuses.

Des syndicats professionnels se formèrent quelques années après la Commune. La loi de 1884 les autorisa. Malgré ses restrictions, elle permit enfin aux travailleurs de se réunir pour la défense de leurs intérêts. En peu de temps le développement et la multiplication des organisations syndicalistes prirent une grande importance. Ce fut la meilleure pratique de la solidarité jusqu'à ce jour. Des bourses du travail, des fédérations de syndicats complétèrent l'œuvre. On y adjoignit des bureaux de placement gratuits, des cours professionnels, des secours de route, des bibliothèques, des bulletins, des réunions cordiales. Armé de cette seule loi, le peuple s'organisait, prouvant ainsi les fécondes réserves qu'il recèle et qui feront tant de bien, le jour où d'autres lois le feront enfin l'égal des castes privilégiées.

Parallèlement, l'association, quoique serrée de près, se fortifiait. Les « amicales » d'instituteurs, d'institutrices, d'anciens élèves, et bien d'autres, maintenaient la vie sociale désagrégée par ailleurs. La loi sur les associations, en 1901, leur donna enfin l'essor. Bien qu'elle limite le droit de posséder, elle est plus large que la loi des syndicats professionnels, au point que celle-ci devient inutile. Elle marque un nouveau et grand départ vers l'émancipation intégrale du peuple.

Tout, aujourd'hui, est à l'association. Du haut en bas de la société, les unions, cercles, syndicats, ligues, fédérations, s'établissent, s'agrandissent de jour en jour. Sous la Révolution, commença l'ère de la science; en notre temps, nous avons l'ère de l'association.

Observons qu'elle a provoqué toutes sortes de floraisons excellentes pour la paix sociale : réunions familières, fêtes civiques, scènes théâtrales ou musicales, excursions, conférences, c'est-à-dire de l'éducation publique, laquelle, malgré certaines erreurs, certains excès du début, s'ordonnera peu à peu et aidera à fonder la société nouvelle.

Ce qui donne à la solidarité un degré de plus vers la perfection qu'à la fraternité même, c'est qu'elle provient de l'amour, de la dignité et de l'obligation. Basée sur l'entr'aide, elle n'a plus rien de honteux ni d'irrégulier. C'est le bon définitif, sa doctrine et ses premières œuvres le démontrent. Au-delà, dans la question de bonté humaine, il n'y a plus de progrès à chercher ; aller plus loin serait entrer dans le rêve, dans l'utopie. Elle représente à la fois tout l'idéal de l'amour du bien et des hommes, et toute l'application pratique des sentiments généreux.

XV

Pratique de la Solidarité

L'organisation de la solidarité n'est qu'à ses débuts.
La nouvelle étape qui s'annonce, décisive parce
qu'elle appliquera exactement le principe, ne peut
être qu'une œuvre cordiale, sauvegardant la dignité
humaine, et dont tous les membres soient persuadés
que s'entr'aider est un devoir.

Laissons d'abord les discordes à la porte ; faisons
appel à tout le monde, riches et pauvres, gens aisés
et travailleurs, petits commerçants et industriels,
écrivains, artistes, conférenciers, savants, médecins,
hygiénistes (dont le concours, nous le verrons plus
loin, sera si précieux), etc... Tous seront membres
de l'œuvre solidaire, et ceux qui donnent, et ceux
qui reçoivent. Le riche d'aujourd'hui peut subir une
catastrophe, être pauvre demain : qu'on en finisse
donc avec de sots préjugés ! J'aimerais voir venir dès
les débuts la femme ; le dévouement est un de ses
éléments naturels, elle serait extrêmement précieuse,
car rien de social ne se peut fonder en dehors d'elle ;
et pour soulager d'autres femmes, n'est-elle pas

mieux indiquée, plus fine, plus délicate, plus ex-
perte que nous ?

L'œuvre comprendra des associés donateurs, re-
mettant surtout des dons en nature, afin d'éviter des
abus ; des associés intermédiaires, travailleurs qui
désignent les nécessiteux et leur transmettent les
bons d'objets nécessaires ; des associés receveurs,
auxquels parviennent les dons. Qui a donné tel objet,
et qui le recevra ? Donateur et receveur l'ignorent.
L'entr'aide est anonyme, il n'y a plus d'ostentation
en haut, plus de honte en bas. Les intermédiaires
travailleurs rendent impossibles les supercheries, et
tout le monde d'ailleurs peut et doit contrôler le
fonctionnement. Les vrais pauvres, dont la gêne n'est
souvent que momentanée, et qui sont timides, qui
n'osent se plaindre, seront soulagés amicalement,
par leurs camarades, leurs voisins, ignorant eux-
mêmes les donateurs des objets désignés sur les bons
transmis par leurs soins.

Par le même système adapté à tous les besoins, on
s'occupera des enfants, des adolescents orphelins ou
abandonnés, des malades, des victimes d'accidents
ou de catastrophes, des vieillards, des infirmes.

Ainsi donc on préparera naturellement l'extinction
de la misère, puis l'assistance par le travail qui sera
le couronnement de l'œuvre, enfin l'éducation sociale,
des mœurs vraiment civiles et fraternelles.

L'heure est venue de se mettre avec méthode au
travail humanitaire. L'organisation de la solidarité
est une nécessité du temps présent, mais elle a été
rendue possible par des efforts instinctifs, la voie est

mieux qu'ouverte : elle est aplanie. Les bonnes in-tentions du 19ᵉ siècle ont été suivies de beaucoup d'essais fructueux, dont plusieurs même, la mutualité, le syndicalisme, l'association, ont pris une extension considérable. Une foule de gens font de l'entr'aide personnelle, ou dans des groupements, des unions. Toutes ces initiatives, individuelles ou déjà coalisées, tendent à se coordonner en une fédération générale pour le bien. C'est leur aboutissant logique. Sociétés de philanthropie, de syndicalisme, de consommation, de secours mutuels, n'ont que des buts et des moyens limités ; elles doivent se rassembler en une puis-sante ligue contre la gêne et la misère.

Qu'est-ce, au fond, que la vie, si l'on écarte celle de ses parties que l'on nomme férocité ? C'est l'aide mutuelle. Impossible de concevoir autrement une vie normale. S'entr'aider est le vrai devoir universel. Par lui seul le Monde a subsisté jusqu'à ce jour ; par lui seul on parviendra à guérir la misère, qui est une maladie, et à supprimer le désordre, conséquence de cette misère. Il nous oblige à relever le travail mora-lement et matériellement, car, sans le travail, tout s'écroule, y compris le pouvoir et la richesse, qui sont produits par lui. Il rend enfin accessibles à tous, les loisirs, sans lesquels on ne peut ni étudier, ni con-tinuer son éducation, ni s'améliorer d'aucune ma-nière.

Et la maladie ? nous dira-t-on. Il est vrai que voilà un des plus mauvais passages de la vie. On ne s'en est guère occupé jusqu'ici que dans les cas urgents ; alors on appelle le médecin, on se réfugie à l'hôpital.

La prévoyance est presque inconnue en matière de santé. Et puis, les soins coûtent cher. Aussi, la pratique de la solidarité cherchera la guérison des maladies sur des bases nouvelles, dont la première, la plus indispensable, est la gratuité des consultations et des remèdes. Les médecins doivent être des plus importants auxiliaires d'une entr'aide qui ne sera pas un vain mot. Non seulement ils auront la fonction publique de maintenir l'hygiène, mais, à côté de l'assistance publique dont les hôpitaux ne peuvent que guérir, ils seront chargés de prévoir et de prévenir, autant que possible, la maladie, et d'enseigner aux élèves des écoles et aux femmes d'ouvriers les éléments essentiels de la médecine.

L'ensemble de l'œuvre solidaire apparaît considérable. Mais le succès en est assuré, si une propagande générale s'y dévoue. Tout le monde doit y coopérer, sans distinction de fortune ni d'opinion. Une telle entreprise n'a pas de chefs ; elle n'a que des membres plus ou moins actifs, plus ou moins puissants pour le bien. S'il y a des premiers, ce seront ceux qui donneront les meilleurs exemples de bonté cordiale et effective. C'est la ligue de toutes les classes, de tous les esprits, de toutes les idées, de toutes les forces, contre la gêne, la pauvreté. Les hommes y apporteront leur décision, leur énergie ; les femmes, leur douceur et leur grâce ; tous, leur persévérance.

Il faudra une campagne méthodique, des brochures allant jusqu'au fond des hameaux, des bulletins enregistrant les actes et les succès, des journaux propageant la mission. Des réunions amicales, des conférences morales seront nécessaires, et peut-être un enseignement pratique, la bonté n'ayant été, jusqu'ici, qu'un trésor peu ou mal dégagé de sa gangue empirique.

Un point essentiel du programme sera la formation, dans les villes, les bourgs, les villages, de groupes d'entr'aide, fédérés en un organisme central qui assurera ce qui doit être uniforme dans le fonctionnement, qui s'emploiera à secourir les régions les plus nécessiteuses en faisant circuler les dons d'un bout à l'autre du pays.

Mais sous quel titre, simple, expressif, réunir toutes ces organisations ? Ceci est secondaire. Agir, voilà l'essentiel. Ce qui compte c'est la pratique immédiate, continue ; c'est une méthode claire, bien ordonnée, plutôt que de la dialectique. Une synthèse de toutes les tendances et œuvres d'assistance fraternelle, tel est le principe à appliquer ; et en même temps, l'histoire à réformer en un récit des belles actions de la bonté humaine, l'éducation meilleure qui sera un résultat presque simultané de l'entreprise généreuse, la législation enfin qui sanctionnera ce soulèvement unanime d'aide mutuelle. Les titres ne manqueront pas ; on trouvera aisément le meilleur. Ce pourra être *l'Entr'aide, la Solidarité, la Mutualité.* On n'aura qu'à choisir entre ceux-là ou d'autres.

Je viens d'évoquer la législation. Elle serait en effet la consécration des initiatives individuelles ou associées. Il faudra tendre à obtenir une loi qui établisse partout et définitivement l'entr'aide, avec un budget spécial, et un ministre de l'assistance publique transformée selon la doctrine de la solidarité ; n'a-t-on pas un ministre de la guerre, de la destruction des hommes ? et on n'en a pas de leur conservation !...

Oui, malgré les bienfaits pour tous, malgré la nécessité de l'entr'aide, disons-nous sans illusions que, laissée aux seules initiatives, elle ne serait mise en action que par une minorité. Et puisque la solidarité la fait obligatoire, nous réclamerons avec énergie la loi qui l'instituera.

XVI

L'Avenir

Ne sommes-nous pas fatigués du rôle d'égoïsme auquel tant de générations se sont acharnées en vain ? N'êtes-vous pas rassasiés d'accaparements, d'envie, de querelles et de guerres ? Quel est celui qui osera encore ramasser l'arme des tyrannies, tombée sous le discrédit universel ? La folie brutale recule partout devant la calme raison.

Faites le compte de tous les efforts accomplis pour la possession de la matière. Il n'en reste que des ruines.

Vérifiez la somme des biens accumulés par la bonté et l'intelligence. Elle se nomme notre civilisation, notre élévation morale, notre dignité humaine. Ici, nul essai, même le plus humble, n'est resté stérile.

Ensemble nous avons vu que l'instinct de conservation, non tempéré, aurait abouti à la destruction de l'humanité; sans l'instinct de dévouement dont le noble geste réprime sans cesse nos excès d'égoïsme. Cela n'eût pas suffi cependant à équilibrer l'oppression, car les rapines et les haines sont parfois formidables ; mais l'amour a tout sauvé, celui qui brille en nous comme un autre soleil, et celui qui naît de la pitié et se nomme l'amour du prochain. Aussi l'histoire nous apprend, quoique soumise à la glorification de la force, que le Monde n'a été maintenu et gardé que par le dévouement, par l'amour, par la bonté.

Nous avons ensuite parcouru le domaine de la bonté. C'est la morale et la charité des doctrines religieuses, l'idéal célébré par les poètes, l'art qui civilise, la philosophie qui fait triompher la raison, la science qui par ses découvertes fortifie chaque jour les assises du progrès, et les bonnes politiques qui font les peuples heureux.

Seuls les cœurs généreux, les esprits fertiles, façonnent des mœurs agréables, développent la politesse sociale, usent l'égoïsme, rendent les hommes plus fraternels, et leur éducation plus morale, plus bienveillante.

Nous avons réclamé le retour à la maxime : « Chacun pour tous, tous pour chacun », appliquée entre les individus, les familles, les sociétés et d'un bout à l'autre de l'humanité.

Mais nous avons ajouté qu'il convient de distinguer. Chaque temps amène son état d'âme et ses nécessités. La charité, basée sur l'aumône, bonne autrefois, a vieilli ; même la fraternité, basée sur l'assistance, bonne transitoirement, doit vieillir ; ce qu'il faut instaurer aujourd'hui, c'est la solidarité, basée sur l'entr'aide, bonne définitivement, car elle est l'idéal du bien et aussi sa réalisation la plus précise.

La pratique de cette solidarité, l'entr'aide opérée par tous, organisée avec une claire méthode, supprime l'ostentation et la honte. Riches, travailleurs et pauvres en sont membres moralement égaux. Chacun agit et contrôle. Tel, qui vient de recevoir des dons, en donnera peut-être dans un an, dans cinq ans, s'il se relève jusqu'à l'aisance. Une propagande incessante peut suffire à fonder l'œuvre, qui aura son couronnement le jour où une loi l'établira partout. Car la solidarité, par son principe même, doit être obligatoire.

Se rend-on compte de l'avenir tranquille et doux qui fleurirait enfin, grâce à l'entr'aide cordiale ? Ce serait l'apaisement, ce serait l'ordre. Jadis dominait la brutalité, malgré les patients efforts des intellectuels, malgré de nombreux actes de bonté ; le moyen-âge fut encore plein d'horreur, les temps modernes de conflits homicides, la période contemporaine de révoltes et de guerres meurtrières. C'est que d'un côté régnaient l'égoïsme, les âpres ambitions, l'entassement des richesses ; de l'autre, croupissaient la faiblesse, la pauvreté, la misère. Soulèvements et répressions, envahissements et revanches sortaient de là, entretenant l'affreux désordre. Or, en organisant définitivement, du haut en bas des sociétés, une campagne effective contre la misère, toutes ces violences, n'ayant plus leur cause principale, disparaîtront logiquement. La sociabilité, déjà en bonne voie, se développera autant qu'il est possible. La vie individuelle et la vie commune seront fortifiées par la réciprocité des droits et des devoirs. Chacun accomplira sa vocation dans la confiance et la sécurité.

A notre cri de ralliement : « A bas la misère ! » qui fera peut-être sourire des sceptiques, nous joignons cette affirmation : « Tout être a droit de vivre en travaillant, » contre laquelle ne peuvent protester que des criminels. Or, ce précepte absolu entraîne cette conséquence, que tout être atteint par le chômage, la maladie, un accident, un malheur quelconque, a le droit d'être aidé. Que ceci soit enfin admis, et nous verrons les pauvres eux-mêmes prendre l'habitude de la dignité.

Mais en échange de ce droit, tout être a aussi le devoir de se préoccuper des autres. Si donc il a pour lui l'heureuse chance, la prospérité, la fortune, le pouvoir, il a en même temps le devoir d'aider les autres. Que les riches admettent cette obligation, et ils auront vite fait de prendre l'habitude de la bonté.

Ainsi sera conquis l'équilibre, qui fera d'une humanité longtemps inconsciente et féroce, une humanité dévouée, sage et polie.

Cet équilibre social, les hommes d'étude, de bon sens, ont blanchi à sa recherche. Le droit du plus fort s'y opposant, toujours on finissait par recourir aussi à la force pour le conquérir. Parfois on l'obtenait, par les luttes et les révolutions faites au nom de la justice, mais on le perdait de même, car toute violence engendre la violence. Avec la pratique de la solidarité, nous l'atteindrons doucement. Ce sera plus long, mais plus intime, plus profondément enraciné dans les cœurs, plus durable.

Qu'importe si les fondateurs sont bafoués, ridiculisés, meurtris par la calomnie, par la méchanceté ? N'est ce pas toujours ainsi ? Mais l'idée est reprise, étudiée ; l'œuvre continue malgré tout, finit par porter tous ses fruits, et des gens pareils aux détracteurs qui la combattirent à ses débuts, sont alors des plus bruyants à l'approuver, et malheureusement à s'en servir, car ces gens-là ne consultent jamais que leur intérêt.

Qu'au moins les réformateurs sociaux ouvrent les yeux, comprennent, et viennent à nous. En effet, quand le terrain moral sera préparé, quand les esprits pacifiés admettront la suprématie de l'idéal sur la matière, quand la propagande de la bonté et la coutume de la solidarité nous auront fait des mœurs vraiment polies, alors, sans froissements, sans opposition sérieuse, les hommes pourront enfin reparler de ce qui est juste, et fonder cette ère de la justice qu'ils poursuivent depuis tant de siècles. A cette date peut-être proche, dans un Monde guéri de ses brutalités, un minimum de lois suffira ; c'est la réforme où nous allons fatalement.

Tel est l'avenir que peut nous préparer l'Entr'aide. La misère disparue, la longue série des violences sera close. On ne connaîtra plus les guerres civiles que par l'histoire, et alors on s'étonnera d'avoir été si maladroits dans le passé. Nous n'aurons plus de guerres meurtrières, et quand s'élèveront de l'orient à l'occident, du nord au midi, les chants des poètes célébrant la paix universelle, la fédération de l'Europe et enfin celle du Monde, nous ne comprendrons plus ces folies qui précipitaient les nations contre les nations. Les hommes travailleront selon leur vocation, employeront leurs loisirs à leur éducation, au bien général, et possèderont tout ce qu'il est possible d'acquérir de confiance, d'ordre, d'harmonie et de bonheur.

Troisième Partie

L'ENTR'AIDE

ENTR'AIDE EXPÉRIMENTALE

———

En matière de solidarité, il convient avant tout d'agir, sans phrase, au contraire du maître d'école de la fable qui sermonnait l'enfant en train de se noyer.

L'organisation que nous tentâmes cette année, les résultats obtenus à Reims de janvier à juin 1908, prouvent l'excellence de la méthode, dont nous offrons ci-après les principaux éléments.

———

Spécimen des Circulaires

BUT DE L'ENTR'AIDE

Habituer les ouvriers à se porter mutuellement secours, de manière à développer en eux les sentiments naturels de solidarité, corrompus ou exploités par les arrivistes de la politique.

Les laisser librement s'entr'aider et distribuer, à leur honneur, les dons émanant des classes favorisées.

Fournir un peu de bien-être aux réels nécessiteux, sans humiliation pour eux, en les faisant bénéficier, à leur tour, des sommes énormes qu'arrachent aux âmes charitables les hypocrites pleurnicheurs, les professionnels de la mendicité.

Investir l'ouvrier de cette mission de confiance, c'est éveiller en lui des sentiments de pure et haute humanité, sauvegarder son indépendance, élever sa conscience, et respecter sa dignité.

L'Entr'aide, faisant fleurir librement la bonté, offre aux classes fortunées la joie d'adoucir la détresse de leurs frères, sans étalage d'outrageuse pitié, sous le voile de l'anonymat.

Leur permettre de soulager le flot montant de la misère de façon vraiment efficace, c'est leur éviter la honte d'en porter plus longtemps le poids.

Œuvre de libre et large solidarité, elle paralysera singulièrement les effets désastreux des doctrines haineuses qui ont divisé les différentes classes de la société.

Elle associera par le cœur toute l'humanité, sans, distinction de rang ni de fortune, et sans autres obligations pour chacun que celles dictées par sa propre conscience.

Elle fera naître un mouvement d'activité humanitaire et d'épuration sociale.

Et l'ère d'apaisement si ardemment convoitée par toute l'aristocratie de cœur et d'esprit hâtera enfin l'œuvre héroïque des temps à venir : l'élaboration formelle et décisive de la prochaine étape...

L'avantage immédiat de *L'Entr'aide* consiste à venir en aide à la misère trop digne pour mendier, que le Bureau de Bienfaisance ignore, et que les membres actifs seuls sont susceptibles de connaître à fond.

Premiers résultats. — De nombreuses familles désespérées ont été secourues et sauvées par *l'Entr'aide* depuis sa fondation, sans atteinte à leur dignité.

Avantages futurs. — L'organisation de l'œuvre, dont les membres actifs disséminés par toute la ville, agissent conformément au règlement, permet d'entrevoir le jour prochain où, grâce à la multiplicité de ces individuelles ramifications, et par la diffusion d'une action collective incessante et vigilante parmi toutes les classes de la société, sera définitivement abolie la *mendicité* qui seule aujourd'hui bénéficie des œuvres de bienfaisance.

La propagande écrite ou parlée, jointe à la divulgation des trafics éhontés auxquels se livrent régulièrement les professionnels de la mendicité, en mettant ceux-ci au ban de l'humanité, guériront nos temps de cette plaie sociale.

Cette épuration, corollaire à l'œuvre poursuivie de solidarité réelle et positive, en sera la conséquence immédiate.

Statuts

Proposons pour l'avenir les Statuts suivants mo-
difiés à la dernière Assemblée générale :

STATUTS de (Titre de la Société)

Association formée conformément à la loi du 1er Juillet 1901

L'Association a pour but de secourir les familles
que la maladie, le chômage ont plongées dans la
misère.

Le nombre des sociétaires est illimité comme la
durée de l'association.

Les sociétaires sont membres actifs, membres
d'honneur ou membres titulaires.

Tous les sociétaires doivent apporter à l'œuvre un
appui moral et financier ou agir par la brochure,
l'affiche, la conférence, etc...

L'Association est dirigée par un Conseil d'Administration composé de douze membres choisis parmi
tous les sociétaires et élus en Assemblée plénière à
la majorité relative. Ils sont renouvelables par 1/3
tous les ans. Les dames sont éligibles.

Ces 12 membres choisissent tous les ans parmi eux le bureau composé de :

Un Président.

Un Vice-Président.

Un Secrétaire.

Un Secrétaire-Adjoint.

Un Trésorier.

Un Trésorier-Adjoint.

Les six autres sociétaires élus sont membres.

Les Vice-Président, Secrétaire-Adjoint et Trésorier-Adjoint remplacent le titulaire absent ou empêché ou sur sa délégation et ne sont appelés à délibérer que pour le remplacer.

Le Conseil d'Administration gère et administre entièrement la Société, nomme et révoque les auxiliaires appointés qui pourraient être nécessaires et fait généralement tout ce qui est utile à la Société.

Il choisit parmi les sociétaires deux membres par canton (ou cantonnement qu'il détermine) pour contrôler la distribution des secours et la bonne livraison par les fournisseurs.

Egalement en Assemblée plénière sont choisis le Président et des Vice-Présidents d'honneur.

Les membres actifs doivent être des travailleurs réguliers jouissant d'une bonne moralité. Ils sont chargés de la distribution des secours. Ils doivent signaler au Bureau la cause de la misère qu'ils signalent et le nombre d'enfants composant la famille à secourir.

En aucun cas il ne sera fait de secours aux gens vivant de la charité publique.

Tout abus constaté par un membre actif devra être signalé aussitôt au Conseil d'Administration.

Pour leur admission les membres actifs doivent être présentés par deux sociétaires.

Les membres d'honneur sont choisis par le Conseil d'Administration, ils ont les mêmes devoirs, droits et prérogatives que les membres titulaires.

Les membres titulaires (industriels, commerçants, rentiers) s'engagent à alimenter selon leurs moyens la Société de dons en nature ou autre valeur. Les charges des membres titulaires sont celles qu'ils voudront bien s'imposer dans l'intérêt de l'œuvre.

Des comités de propagande pourront être formés dans les conditions de constitution et d'initiative à régler par le Conseil d'Administration. Leur fonctionnement restera toujours sous le contrôle et l'autorisation directe du Conseil d'Administration.

Les secours en nature seront de toutes sortes, pain, viande, vêtements, etc.

Les secours d'argent ayant pour but l'indemnité de logement seront faits directement par un des membres du Conseil d'Administration qui devra lui-même tirer un reçu du propriétaire.

Les membres actifs devront se conformer strictement au règlement, tout manquement pouvant entraîner la radiation.

Chaque trimestre la Société se réunit en Assemblée plénière pour entendre le rapport du Bureau, et pour discuter toutes questions d'organisation intérieure ou ayant trait à l'œuvre humanitaire.

Tous les membres de la Société ont droit de participer à ces Assemblées.

La Société est constituée et fonctionne en dehors de tous les partis politiques ou religieux.

Elle s'interdit strictement toute discussion ou manifestation politique ou religieuse dans ses réunions ou assemblées.

L'exclusion d'un membre est proposée par le Bureau soit sur son initiative motivée soit sur l'examen d'une plainte émanant de dix membres; elle devra être ratifiée en assemblée générale par les trois quarts des membres présents.

Le Secrétaire fait la correspondance et tient registre des procès-verbaux des assemblées. Le procès verbal de la dernière assemblée doit être lu au début de l'assemblée suivante, ratifié par vote à la majorité relative et contresigné par le Président de l'assemblée.

Le Trésorier est chargé de tenir la comptabilité, de recueillir les dons en argent, de présenter à chaque assemblée plénière son compte-rendu financier.

Les comptes-rendus du Président, du Secrétaire, du Trésorier, approuvés par le Conseil d'Administration sont inscrits sur un registre spécial et contresignés par leur auteur.

En outre les rapports et comptes-rendus résumés ou in-extenso ainsi que la liste des membres seront publiés au bulletin de l'œuvre.

Ce bulletin paraîtra autant que possible chaque semaine et sera rédigé et administré sous le contrôle du Conseil d'Administration.

Le Trésorier sous ce même contrôle est chargé de l'Administration financière du Bulletin.

Deux censeurs nommés en réunion plénière sont chargés de vérifier les comptes-rendus trimestriels du Trésorier et d'en présenter un rapport à chaque assemblée générale annuelle.

La dissolution de la Société ne pourra être proposée que si elle est demandée par le Conseil d'Administration ou par le tiers des sociétaires inscrits et ne sera prononcée que dans une assemblée générale extraordinaire convoquée spécialement à cet effet, réunissant les 3/4 des sociétaires et à la majorité des 2/3 des membres présents.

En cas de dissolution, les biens de la Société seront donnés au Bureau de bienfaisance, sauf les droits et créances des créanciers (sociétaires ou tiers).

Ces statuts sont modifiables. Toute modification devra être spécifiée au procès verbal de la séance où elle aura été décidée. Elle ne pourra l'être qu'en assemblée plénière.

RÈGLEMENT DES MEMBRES ACTIFS

Pour être membre actif de la Société il faut :

1º Être présenté par deux sociétaires ;

1º Être ouvrier travaillant régulièrement et jouir d'une bonne moralité ;

3º Se pénétrer du but de l'œuvre et des devoirs qu'elle implique.

A. — Chaque membre actif devra, pour retirer des bons à distribuer, présenter sa carte de sociétaire.

B. — Le membre actif devra signaler au siège de la Société la cause de la misère qu'il signale, et le nombre d'enfants composant la famille à secourir.

C. — Les membres actifs ne relevant que de leur conscience, distribueront les secours en toute liberté, et pourront de ce fait agir avec discrétion, discernement et délicatesse.

D. — En aucun cas il ne sera fait de secours aux gens vivant de la charité publique.

E. — Le membre actif est autorisé à provoquer

l'inscription de nouveaux membres honoraires à la Société.

F. — Toutes réclamations devront être faites par écrit au Conseil d'Administration et signées du réclamant.

G. — Tout abus constaté par un membre actif devra être signalé aussitôt au Conseil d'Administration qui fera le nécessaire conformément aux statuts.

Bulletin d'Adhésion

Prière de remplir ce Bulletin en biffant les mots et formules non valables et de le retourner au Trésorier.

MODES PARTICULIERS DE PARTICIPATION A L'ŒUVRE

I. *Veuillez faire toucher chez moi la somme de* .... *francs.*

II. *Prendre à charge, en mon nom, la répartition de mes aumônes quotidiennes, à raison de* .... *francs par mois — trimestre — semestre — année.*

III. *Recueillir chez moi ou* (adresse) ....

....

le .... *de chaque semaine — mois — trimestre — semestre — année, mes dons en nature : Vêtements, Linge, etc. — Préciser, s'il est possible, la nature des objets, particulièrement pour les dons de Comestibles.*

Ce *19*

Signature et adresse bien lisibles.

Fac-similé du 1ᵉʳ Numéro de l'Entr'aide :

1ᵉʳ Année. — N° 1   Le Numéro : CINQ Centimes   Samedi 20 Juin 1908

L'ENTR'AIDE

Humanitaire et Sociale

ABONNEMENT	Rédaction et Administration	Annonces la ligne 0.50
unique par mois	41 - RUE DES MOULINS - 41	Réclames la case 10 »
0.50 centimes	REIMS	(par mois)
		Se payent d'avance

PRÉAMBULE

A LA PHILOSOPHIE DE L'ENTR'AIDE

Qu'est-ce qu'un journal en 1908 ? — Une grande feuille de papier, parfois doublée, sur laquelle on accumule sans grâce, presque sans ordre, des injures politiques, des discordes de sectes, des comptes-rendus (que personne ne lit) d'arts frelatés, de livres insipides, de pièces de théâtre endormantes, des déplacements de personnages dits illustres, des faits-divers où s'étalent complaisamment le vice et le crime, et enfin des annonces qui propagent trop souvent des produits trompeurs ou les combinaisons louches de l'agiotage.

L'*Entr'aide* ne sera pas ce journal.

Ses colonnes seront du granit le plus dur devant

les opinions criardes des partis, les querelles confessionnelles de droite ou de gauche, les critiques pour arrivistes ou coteries d'art, les réclames pour apaches, satyres et cambrioleurs. Mais elles seront d'un azur limpide, souriant, aisément pénétrable à tous les sentiments de bonté, de générosité, de pitié.

Nos idées ne naîtront que d'une seule cause, nos propositions n'admettront qu'un seul principe, nos actes s'appuieront sur une seule base, nos efforts tendront à un seul but : l'humanité, encore l'humanité, toujours l'humanité.

Nous serons humains d'abord, ensuite, sans cesse. Nous repousserons quiconque viendrait à nous, animé de rancunes, de colères, d'intransigeances, de sectarismes, d'égoïsmes, de médisances, de calomnies. Nous appellerons quiconque a du cœur.

La malveillance s'est déjà manifestée contre cette fondation si purement humanitaire. Peut-être n'a-t-on pas vu qu'elle est, simplement, une véritable ligue de toutes les classes réunies contre la misère. Riches et pauvres, travailleurs et patrons, hommes et femmes, individus et familles, qui veulent l'existence de tous assurée, seront les bienvenus. Et cette feuille, comme l'institution rémoise qui lui a donné naissance, doit servir de lien, d'union cordiale entre tous les gens travaillant avec ardeur à l'œuvre commune de la solidarité humaine.

Nul être, nulle classe, nul parti n'y seront attaqués. Les amateurs de polémiques personnelles et cancanières en devront faire leur deuil. « Hélas ! disait déjà Henri Heine, on ne devrait, au fond, écrire contre personne en ce monde. Chacun de nous est déjà assez malade dans cette grande infirmerie ! et mainte polémique me rappelle involontairement une repoussante mêlée dont je fus par hasard spectateur dans un hôpital moins vaste, à Berlin. C'était chose horrible à entendre que ces malades qui se reprochaient ironiquement leurs infirmités réciproques, le pulmonique desséché se moquant de l'hydropique, l'un riant du polype de l'autre, qui insultait à son tour au bec de lièvre ou à l'ophtalmie de ses voisins. A la fin, des hommes pris de fièvre chaude s'élancèrent tout nus de leurs lits, arrachèrent aux autres malades draps et couvertures, et l'on ne vit plus alors, spectacle hideux, que des ulcères purulents, des mutilations ignobles, toutes les plaies du pauvre homme Lazare. »

Nous n'attaquerons personne, mais il est un sentiment que nous flétrirons, car il est le fauteur de nos troubles, la pire de nos maladies, héréditaire et contagieuse. On a reconnu l'égoïsme. Voilà notre seul ennemi, que nous poursuivrons, que nous démasquerons, que nous frapperons jusqu'à ce que le monstre ne trouve plus une âme pour en faire sa tanière jonchée d'ossements et de rapines.

L'égoïsme est la cause ; la misère est le résultat. Celle-ci n'existe que par celui-là, et elle ne disparaîtra que le jour où ce funeste mal aura vécu. Or, nous voulons qu'elle disparaisse !

Dès 1849, Victor Hugo proclamait : « Il faut créer

sur une vaste échelle la prévoyance sociale, substituer à l'aumône qui dégrade l'assistance qui fortifie... Je ne suis pas de ceux qui croient qu'on peut supprimer la souffrance en ce monde, mais je suis de ceux qui pensent et qui affirment qu'on peut détruire la misère. »

Eh bien ! ce qu'il proposait, ce qu'il réclamait, nous voulons le réaliser.

Et nous commençons en repoussant toutes discordes, qui viennent de l'égoïsme. Nous ferons un journal de la bonté humaine. Les partisans de politiques contraires, de confessions hostiles, seront priés de déposer à la porte leurs opinions, afin d'agir avec nous dans l'unique but de soulager ceux qui souffrent. Et nos faits-divers seront ceux du courage utile, du dévouement exemplaire, de l'énergie pour le bien et contre le mal ; nous publierons un livre d'or des vertus, et non pas un registre d'écrou des vices et des crimes.

Nous montrerons que la cité nouvelle, traitée de rêve, d'utopie, est facilement réalisable : elle ne dépend que des bons mouvements, des bonnes volontés, des bonnes actions de ceux qui préfèrent l'ordre, l'harmonie, aux brutalités, aux oppressions, au chaos.

Si des poètes nous envoient l'expression des plaintes ou des solennités de nos fêtes, de nos espoirs ; si des prosateurs ornent des nouvelles, des contes, des chroniques, de cette fleur d'enthousiasme qu'est la solidarité ; si des savants nous préparent quelques documents pour aider à détruire la pauvreté ; si des artistes, délaissant les tableaux de la force ou de la sensualité, nous adressent quelques dessins glorifiant la pitié, la bonté, l'aide mutuelle, — nous les recevrons avec joie, ainsi que les communications de nos lecteurs au sujet de faits méritoires dont ils auront été témoins ou qui leur ont été prouvés.

Le journal, hospitalier aux énergies d'élite perdues dans la tourmente — ouvert aux possesseurs, aux ouvriers, à toutes les professions — publiant le fruit de l'expérience de chacun, de ses réflexions, de ses observations, le journal deviendra la tribune de l'aménité, du dévouement, du zèle pour le bien.

Pratiquement, il appuiera l'*Entr'aide*, l'œuvre humanitaire fondée à Reims voici peu de temps et déjà prospère. Il sera son bulletin des actes accomplis, sa propagande pour les actes à accomplir. Et la source de grâce et de bonté que, en janvier dernier, vit jaillir de son sein la vieille Athènes des Gaules, s'épandra peu à peu lustrale et bienfaisante, à travers le désert d'injustice et de cruauté qui couvre de honte le monde entier.

Toute notre ambition — et c'est la tâche qui nous est confiée — sera d'émettre simplement nos idées, de développer en toute conscience la philosophie de l'*Entr'aide*. Mais nous réclamons le concours de toutes les bonnes volontés. Pas de modestie vraie ou fausse, de stérile timidité, ni d'autre part, de complaisance à vanter des actions trop ordinaires. Que l'on ne nous épargne pas les conseils, les observations : voyons tous le résultat suprême, la suppression de la misère, et ne voyons que cela !

Alors l'homme nouveau effacera sa personnalité

devant l'œuvre nouvelle, qui seule doit compter. C'est une œuvre pour tous ; elle doit donc être de tous.

Nous y ferons germer peut-être aussi quelques grains d'infini, dont la floraison caressera, d'une ombre d'immortel, l'âme du passant. Et celui-ci nous aidera, ému et charmé devant les pensées précises et les actes de bonté éclos dans ce domaine qui deviendra notre univers, dans l'avenir.

Riches et pauvres, travailleurs et patrons, hommes et femmes, individus et familles — en avant pour l'*Entr'aide*, pour le triomphe de la bonté humaine, pour l'ère de solidarité qui, en supprimant la misère, éteindra toutes les violences privées ou publiques et accomplira sans secousses la pacification sociale.

J.-R. A.

QUELQUES OPINIONS

On nous excusera de ne pouvoir reproduire la polémique, âpre parfois, passionnée souvent, soulevée dans les journaux autour de notre action.

Nos partisans, c'est-à-dire ceux qui se donnèrent la peine d'examiner l'œuvre sans parti-pris, se sont montrés consciencieux et enthousiastes, — quoique parfois trop élogieux pour notre personnalité, laquelle, encore un coup, ne compte pas : nous prétendons que notre appel et nos efforts restent anonymes dans leurs conséquences ; l'œuvre est commune, elle doit appartenir à tous : elle seule doit mériter l'examen et solliciter l'attention du grand public. Citons simplement quelques extraits d'articles parmi les meilleurs que nous ayons rencontrés :

M. Hubert-Fillay, le vaillant décentralisateur du *Jardin de la France*, s'exprime ainsi dans le *Républicain de Loir et Cher* dont il est le rédacteur en chef :

ŒUVRE DE SOLIDARITÉ SOCIALE

Je veux signaler à mes lecteurs une nouvelle Société qui s'est constituée à Reims sous ce nom : l'*Entr'aide*.

Un homme de bien, M.-J. René Aubert, avec le concours de plusieurs camarades, a eu l'idée de réunir, en dehors de toutes considérations politiques ou religieuses, des personnes dont le désir est d'être utiles à leurs semblables.

Etre utiles, mais de la seule manière qui soit compatible avec notre respect de la dignité humaine; c'est-à-dire en secourant nos frères, selon nos moyens personnels et sans nous faire connaître.

Celui qui donne pour avoir son nom dans les journaux, pour qu'on s'entretienne de sa générosité, ne *donne* pas. Il *paie la réclame* qu'il souhaite voir faire autour de son nom.

Le pharisien qui donne pour humilier le pauvre, le faux-bonhomme qui encourage à la mendicité un tas de paresseux et de simulateurs, ne rendent aucun service social : ils créent une catégorie de révoltés ou de parasites qui finit par considérer l'exploitation de la charité publique comme une carrière, un métier sérieux et sans aléa.

On ne sait généralement pas, *on ne peut pas savoir distribuer, selon la justice, les secours qui sont* DUS *aux malheureux.*

Le travailleur désarmé par la maladie, l'ouvrier sans emploi, la mère de famille dans l'embarras n'iront pas facilement carillonner aux portes des riches. Quand on a l'habitude du travail, on n'aime pas demander l'aumône, solliciter le paiement de ce qui n'est pas gagné honnêtement.

Seul le mendiant de profession sait geindre, se lamenter, avoir les gestes et les paroles qui plaisent aux personnes bienfaisantes.

Celles-ci émues se laissent duper.

Il est temps d'apporter un remède à ces déplorables abus. C'est ce que M. J. René Aubert a tenté de faire avec sa Société l'*Entr'aide*.

Nous ignorons ce que sera l'avenir, ce que la société collectiviste, l'anarchisme, la monarchie, le plébiscite ou la République démocratique nous réserve. Nous constatons simplement qu'il y a dans la misère des gens qui méritent d'être secourus par leurs frères, au nom de la solidarité humaine. En attendant que l'État ou le souverain s'occupe de ces gens-là, chacun d'eux peut dire aux sociologues, aux politiciens et à tous les rebouteurs de notre société moderne ce que l'enfant en passe de se noyer criait au pédant maître d'école : *Tirez-moi d'abord de danger, vous me ferez ensuite votre harangue.*

Or, voici ce que J.-R. Aubert a imaginé. Je ne dis pas que c'est au-dessus de toute critique, car il est difficile que de semblables institutions sortent du cerveau de leur auteur pour s'installer, inattaquables et parfaites, dans le domaine de la réalité :

Des hommes conscients de leurs devoirs de fraternité et de solidarité sociale, conviennent de verser entre les mains de personnes de confiance : argent, vêtements, dons en nature, etc...

Dès que ces bons citoyens ont effectué le versement de leurs offrandes (proportionnées aux moyens de chacun), il n'y a plus de sommes, ni d'objets donnés par M. X... ou Mme Y... Il y a une masse, une richesse sociale à partager entre des hommes, des femmes, les plus dignes d'intérêt qu'il soit possible de trouver.

C'est alors qu'entre en jeu l'idée originale et ingénieuse qui a donné naissance à l'œuvre de l'*Entr'aide*. Les fonds, les objets, les bons de consommation ne seront pas distribués sur le rapport de dames élégantes, de messieurs bien mis qui ont leurs jours de visites aux quartiers pauvres, toujours dans les mêmes maisons de mendigots et de grippe-sous, pensionnés par la naïveté publique.

Ce sont des ouvriers, des ouvriers travaillant régulièrement, des ouvriers au courant des petites infortunes cachées, des misères honteuses, des travailleurs adhérant à l'*Entr'aide*, qui diront où le secours doit être porté, où il sera bon qu'un peu d'argent tombe pour aider à payer le terme.... Ce sont des ouvriers qui porteront secours à leurs camarades dans la gêne.

Les fondateurs de la nouvelle œuvre espèrent beaucoup de cette loyale collaboration entre les prolétaires et les riches, les pauvres intéressants et leurs vrais amis.

Il ne nous reste plus qu'à souhaiter des imitateurs à M. J.-R. Aubert. S'il s'en trouvait nous serions heureux de les mettre en rapport avec le président de *l'Entr'aide* de Reims.

Ici (comme pour toutes les œuvres humaines) c'est le moment de répéter : Fac et spera... Agis et espère... Le but est lointain, malaisé à atteindre, mais il est si beau qu'il vaut bien le sacrifice d'un peu de sa vie.

HUBERT-FILLAY.

(Le Républicain de Loir-et-Cher, Blois, 9 avril 1908*)*.

PREMIÈRE CONFÉRENCE

Constatons tout d'abord que malgré l'affluence des réunions tenues ce soir-là un peu partout, la salle de l'Hôtel-de-Ville était bien garnie d'un public divers... et très mêlé. Le bourgeois curieux de savoir y coudoyait l'ouvrier attentif et de nombreuses dames, sérieuses et intéressées, y voisinaient avec des compagnons anarchistes, venus là en *dilettanti* de la critique.

M. Auguste Drancourt présidait, etc.

. . . .

Le but de l'œuvre, dit le conférencier, c'est de supprimer la honte de recevoir, et la gêne de donner, ce n'est plus faire de la charité, mais de la solidarité. Tant que l'humanité ne sera pas délivrée de la misère il y aura un vaste champ à défricher ; il faut abolir la misère dégradante et déprimante, et c'est pourquoi J.-R. Aubert voudrait que de Reims partît ce mouvement émancipateur qui deviendra général.

L'orateur fait un magnifique éloge de la Bonté et de la Bienfaisance, cette dernière cordiale et *anonyme* surtout, car la douleur d'en bas rend nécessaire la bienfaisance d'en haut. Il faut arriver à ce résultat, il faut plus que des œuvres d'assistance publique officielles, car le mal n'est pas isolé, et il est indispensable de le scruter au plus profond où il se terre, de le faire surgir au grand jour et là de l'exterminer à tout jamais.

En réparant le mal causé par d'autres dans notre Société souvent, hélas ! marâtre, nous réparons ses iniquités, nous empêchons de naître les révoltes, nous faisons des hommes, de loques morales et physiques.

. . . .

Déjà les résultats sont probants et donnent à réfléchir.

. . . .

Aubert nous fait un tableau pris sur le vif des « trucs » des mendiants exploiteurs.

. . . .

Espérons, a-t-il dit, que les pauvres eux-mêmes comprendront notre œuvre et tout ce qu'elle a de généreux, qu'ils se relèveront, ayant un appui matériel et moral.

Et dans une belle péroraison, pleine de vigueur et de tendresse, Aubert termine en faisant appel à tous ceux qui veulent vraiment l'amélioration sociale en faisant régner partout le bien-être et la fraternité.

Alors du fond de la salle un anarchiste dit :

« Vous nous avez fait de la misère un saisissant tableau, mais quel nom donnez-vous au remède qui doit la juguler et que vous préconisez ? »

Et Aubert de répondre : « Autrefois on disait cha-

rité, puis fraternité, aujourd'hui ce sera de la solidarité, et de la plus belle ».

« Oui, répliqua le raisonneur non convaincu, vous
nous offrez les miettes tombées de vos tables de
riches, nous, nous voulons tous les plats ! »

« Moi aussi, riposta Aubert, mais d'ici-là, la terre
aura encore tourné ! »

Et c'est notre avis. Avant de demander tout, prenons de nombreuses parcelles, réunies judicieuse-
ment ; jointes à d'autres elles finiront bien par former ce tout.

Après quelques mots de remerciements de M.
Drancourt, la réunion fut terminée, tandis que de
nombreux auditeurs apportaient leur adhésion au
secrétaire.

L'*Entr'aide* est lancée, bien lancée ; souhaitons-lui
de demeurer elle-même, de ne pas dévier dans sa
marche ascendante vers un idéal si beau, de réaliser
sa noble mission, et longue vie et prospérité.

ERNEST VIDAL.

(*L'Eclaireur de l'Est*, Reims, 15 mars 1908)

L'ENTR'AIDE

Si le peuple des miséreux connaissait Molière, les médecins du fameux comique, s'égosillant sans parvenir à s'entendre autour du patient qu'il s'agit de guérir, le feraient certainement penser à nos modernes politiciens qui discutent, sans vouloir se comprendre, sur la meilleure façon de juguler enfin, et à jamais, cette terrible plaie sociale : *le besoin sous toutes ses formes.* Diafoirus disait, triomphant, le poumon ! le poumon !! le poumon !!! Aujourd'hui, à chacun des griefs du prolétaire, on répond : le socialisme, selon les théories, ou bien : la République ! ou encore : le socialisme ! etc., etc.

Certes, nous aurions mauvaise grâce à traiter la politique comme un leurre, un mirage décevant ; cependant, il est certain qu'elle ne peut fournir les solutions immédiates que réclament impérieusement les ventres affamés...

Aussi, à côté de la Politique — et pour laisser à cette science le temps matériel d'achever la douloureuse incubation du système-panacée qui doit tuer la misère physique, il est bon que des institutions pa-

rent aux nécessités immédiates qui énervent et anni-
hilent l'énergie de la foule miséreuse et impatiente.

Nous avions déjà le *Bureau de Bienfaisance*, dont
on ne saurait dire trop de bien ; nous avons à Reims,
depuis le 1ᵉʳ janvier 1908, une œuvre nouvelle :
l'Entr'aide, que nous sommes heureux de présenter
au public, dans ce journal ami de toutes les belles et
nobles initiatives.

*
* *

L'Entr'aide se propose de secourir les pauvres,
les *vrais* pauvres, non seulement les *officiels*,
les catalogués, mais ceux que la police ignore et
qu'oublie la philanthropie des « généreux donateurs ».
Certes, de nombreux appels déjà se sont fait entendre, dénonçant la misère secrète des *pauvres honteux*.
Le but de l'*Entr'aide* n'a donc rien de neuf ; mais,
pour y atteindre, quelques personnalités rémoises ont
imaginé une organisation, aux rouages très simples,
basée avant tout sur la solidarité et la bonne foi des
membres.

L'*Entr'aide* se compose de membres actifs, d'un
conseil d'administration et d'un comité de propagande dont la tâche consiste à travailler, par l'écrit
ou par la parole, à la prospérité de l'œuvre.

Les membres honoraires fournissent le *vestiaire*,
alimentent, par des dons en nature — pain, viande,
coke, etc. — les ressources de la Société. Quant aux
membres actifs, ce sont eux qui sont chargés de distribuer — *de se distribuer eux-mêmes*, et au moyen

de bons — les secours de toute nature. Ainsi l'aumône, la fausse charité, se trouve abolie, et les mauvais pauvres sont mis à l'index par ceux qui sont le plus qualifiés pour les connaître : les véritables nécessiteux. Quant aux secours d'argent, ayant pour objet le paiement du loyer, ils seront faits directement par un membre du conseil d'administration.

Cette œuvre, nous avons plaisir à le dire, nous a enthousiasmé ; elle confère aux donateurs la beauté de l'anonymat ; elle ne froisse pas la pudeur des pauvres ; elle cultive chez les répartiteurs de secours le sentiment d'équité et de responsabilité dont, jusqu'à présent, il était convenu de faire abstraction ; enfin, elle combat l'industrie des pauvres éhontés, paresseux et ivrognes en les mettant en dehors de son rayon bienfaisant.

*
* *

Je dirai, dans un prochain article, les résultats très beaux et réconfortants qui ont été obtenus jusqu'à ce jour et qui promettent à l'*Entr'aide* un beau succès, pour l'avenir.

RENÉ KIFFER.

(*L'Eclaireur de l'Est*, 26 Février 1908.)

*_**

Nous nous étions proposé surtout, dans notre pré-
cédent article, de présenter l'*Entr'aide* à nos lecteurs, et de commenter, simplement, le but où elle
voulait atteindre — nous réservant de revenir sur son
organisation, d'une façon plus complète et plus précise.

C'est ce que nous essaierons de faire aujourd'hui.

*_**

Il est inutile d'insister sur les obligations du
Conseil d'administration, du *Conseil d'initiative*, des *Membres titulaires* ou *donateurs* : —
les *Statuts* sont à cet égard suffisamment nets et
précis. Le rôle des membres actifs étant le plus in-
téressant et constituant la partie la plus originale de
l'œuvre, mérite de nous retenir davantage.

Qui sont d'abord ces membres actifs ? Les statuts
sont explicites :

« Art. 6. — *Pour devenir membre actif il faut être
présenté par deux membres de la Société.*

Art. 7. — *Les membres actifs doivent être des
travailleurs réguliers et jouir d'une bonne moralité* ».

Quant à leur mission, l'article 9 la définit à peu
près ainsi :

« *Rechercher toutes les infortunes et soulager celles*

qui en seront dignes, au moyen des dons fournis par les membres titulaires à la Société ».

Ces trois articles sont fondamentaux, forment la pierre angulaire de l'œuvre, lui donne sa caractéristique, et constituent sa force.

Demander à des ouvriers honnêtes de rechercher dans leur sphère les misères discrètes, et leur permettre de les soulager, est en même temps d'une intelligence habile et d'un cœur généreux. Les travailleurs sont, en effet, mieux placés que toute personnalité officielle pour juger des besoins réels d'une famille durement éprouvée, pour pénétrer jusqu'au fond de ces cités populeuses où se cachent les misérables déchets humains terrassés par la maladie ou la malchance. De plus, les travailleurs, — par ce fait même qu'ils peinent pour gagner leur vie, adversaires jurés des mendiants paresseux — n'accorderont qu'à bon escient et qu'aux seules personnes vraiment dignes d'intérêt — les bons de secours qui leur seront confiés. Et puis quelle admirable pensée, que d'investir de cette délicate mission de charité, de bienfaisance, les ouvriers eux-mêmes : que de permettre au frère de soulager son frère !

Mieux que toute société d'éducation et de relèvement moral l'*Entr'aide* cultivera chez les ouvriers membres actifs cet instinct de vraie solidarité qu'il faut prendre garde de dénaturer et de vicier en les comprimant ; cette fierté toute naturelle, cette estime de soi qui vaut mieux comme sauvegarde, à l'heure trouble des tentations mauvaises, que le plus vigilant

169

des anges gardiens ; ce sentiment de la responsabilité morale qui élève et grandit...

Mieux que toute autre œuvre de bienfaisance elle soulagera et réconfortera les bénéficiaires de ses secours en remplaçant l'humiliante et dégradante pensée d'aumône, qui déprime et tue, par celle qui encourage et galvanise, de fraternelle entr'aide...

La belle institution qui vient d'éclore à Reims ne combattra donc pas seulement la misère ; elle donnera à ses membres actifs — dont le nombre, considérable déjà, devra un jour égaler celui de tous les travailleurs — la dignité d'homme complet en leur inculquant les vertus supérieures, en leur permettant les sentiments généreux annihilés jusqu'alors par des impossibilités matérielles...

*
* *

L'*Entr'aide* fonctionne à cette heure depuis plus de deux mois ; nous n'avons pas voulu, en effet, la recommander à la légère et témérairement à nos lecteurs ; nous avons voulu d'abord nous rendre compte, l'étudier sérieusement et la suivre dès ses premiers pas ; qu'on nous permette donc ici de donner les résultats qu'elle a déjà fournis.

Il a été distribué depuis le 1er janvier :

1000 soupes.

75 bons de pain.

15 livres de café.

200 hectolitres de coke.

5 chemises.

5 caleçons.

10 paires de souliers.

3 pantalons.

2 vestons.

1 pardessus.

L'éloquence de ces chiffres se passe de commentaires, surtout si l'on pense que, jusqu'alors, les secours qui ont été distribués proviennent de généreuses personnes qui, d'enthousiasme, spontanément, et avant toute propagande sérieuse, se sont fait inscrire membres titulaires.

Mais il est évident que ces résultats seraient insuffisants s'ils n'augmentaient rapidement dans des proportions considérables. Aussi adressons-nous un appel pressant à tous ceux qui — harcelés par les mendiants — laissent tomber chaque année des sommes considérables dans le gousset des ivrognes, des fainéants, des professionnels du « tapage » hypocrite. Il faut que nous arrivions à ceci, coûte que coûte, *centraliser tous les budgets de charité pour en faire nous-mêmes la répartition équitable, véritablement profitable.* Il faut qu'un jour vienne où chacun, au mendigot qui le poursuit, puisse dire : l'*Entr'aide est mon intendante, adressez-vous à elle : si vous en êtes digne vous serez soulagé.*

Alors, ce jour-là, la mendicité *sans excuse*, sera abolie; la fausse misère sera démasquée ; les comédiens de la pauvreté n'auront plus qu'à se précipiter sur un outil pour travailler sous peine de mourir de faim.

En outre les secours, — répartis entre un nombre

de bénéficiaires qu'un choix équitable réduira de beaucoup — auront une efficacité plus grande ; ils ne seront plus la goutte d'eau impuissante bue par le sable stérile du désert, mais une pluie bienfaisante sur un sol fécond...

RENÉ KIFFER.

(L'Eclaireur de l'Est, 11 Mars 1908.)

Nos adversaires, par contre, bataillèrent le plus souvent à côté de la question, et leurs articles ne sont le plus souvent qu'un tissu d'impudence et de mauvaise foi. Nous avons trop le respect de nos lecteurs pour leur infliger une série d'élucubrations fastidieuses, vides d'idées mais bourrées de mesquineries, de grossièretés et de contradictions. Deux feuilles, extrêmement adverses d'apparence, nous ont combattus sans l'ombre d'une raison valable, avec un touchant ensemble. Certain rédacteur — sujet à caution, mais particulièrement ignoble en cette campagne — se ridiculisa complètement par l'absurdité paradoxale de son enquête auprès d'un clabaud tapageur, très habilement fourbe et trop personnellement intéressé. Quelques anarchistes enfin semblèrent prendre à tâche de justifier, par l'extravagance de leurs inconséquences et de leurs contradictions, ce trait acéré d'un mien ami : « L'anarchie, c'est tout ce que l'on veut ! Alors... »

LES POÈTES

De beaux et généreux poètes nous apportèrent un
tribut charmant et inattendu : nous reproduisons
quelques-uns des meilleurs poèmes éclos dans l'enthousiasme de l'action. Et notre hymne, — dont
la vogue popularisée en Champagne, fera, nous l'espérons, « traînée de poudre » à travers la France, —
couronne ce florilège.

A J.-R. AUBERT

L'homme supérieur par l'âme, doit connaître
Les bons et les méchants, le serpent et l'oiseau,
Les parfums de l'amour et le baiser du traître,
La hideur la plus noire et la splendeur du Beau.

Tantôt il se verra noyé dans une brume
De dégoût et d'ennui ; tantôt son clair chemin
Sera baigné des feux d'un beau jour qui s'allume ;
Des fleurs, des fruits pourprés s'offriront à sa main.

Tantôt il connaîtra l'horreur de la géhenne,
Tantôt le Paradis aux purs enivrements,
La bave du crapaud, le rire de l'hyène,
Le salut fraternel de divins instruments.

Comme Dante et Virgile explorant les abîmes,
Ou Dante et Béatrix montant dans la clarté,
Au fond du précipice, ou sur les monts sublimes,
Que marchent avec vous la Force et la Beauté !

Madeleine LÉPINE

13 Juillet 1908.

L'ENTR'AIDE

A René AUBERT

Projet pratique, idée admirable et féconde,
L'entr'aide généreux fondé sur la bonté,
La plus belle entre les formes de la beauté,
A dans le cœur humain sa racine profonde.

Avec le plus puissant facteur qui la seconde,
Parce que le meilleur : la solidarité,
Avec l'anonymat : discrète charité,
L'entr'aide, par vos soins, fera le tour du monde.

Votre appel éloquent ne sera pas perdu.
Le pauvre, l'ouvrier, déjà l'ont entendu
Et de leur dignité reprennent Conscience.

Sur les déshérités l'aube nouvelle a lui,
Qui va rajeunir Dieu, les arts et la science ;
Et l'entr'aide vaincra : la femme est avec lui.

Maurice DELIGNY.

Reims, 16 Mai 1908.

POUR L'ENTR'AIDE !

A Jean-René AUBERT

Au cœur de la cité de joie il est des taches ;
De la vie anonyme y désespère et meurt
Sans secours.. : sans appels, sans la moindre clameur ;
A l'infortune vraie une pudeur s'attache.

Oui, la misère même aura de ces beautés :
Elle est fière souvent, et noble, et voire sainte ;
Elle s'ingéniera, comme une femme enceinte,
A cacher la laideur qui vit à ses côtés.

Les vrais pauvres — honteux ! — n'ont pas cherché l'obole
Que nos mains dispensaient trop ostensiblement.
Après avoir longtemps souffert, stoïquement,
Leur fut bonne la Mort qui délivre et console.

Quelle distance entre ces fiers déshérités
Et les « truqueurs », sortis d'une cour aux miracles,
Infirmes à plaisir, qui s'offrent en spectacle
Accompagnés d'enfants à d'autres empruntés.

Ce ne sont plus les mendiants des cathédrales
Accroupis sous le porche avec des airs penchés
Et des mots quémandeurs mâchés et remâchés
Sur un ton déchirant et coupés de faux râles...

— La parodie a trop duré, au détriment
De ceux qui méritaient notre aide fraternelle !
Hélas ! ouvrons nos cœurs à des douleurs réelles
Et sachons discerner le vrai de ce qui ment.

Mais qui pourra savoir ces misères obscures
S'enterrant dans les cours des quartiers populeux ?
Faudra-t-il pour percer leurs secrets douloureux
Avoir aussi saigné par les mêmes blessures ?

Le pain cher, le travail plus rare chaque jour
Ont fait de l'artisan qui vit de son salaire
Pour tous les pauvres gueux un ami tutélaire,
Un confident, un frère au grave et sûr amour.

L'ouvrier a le cœur comme une terre en friches,
Mais il peut y germer, dès qu'il est cultivé,
Les plus beaux sentiments que l'amour fait lever :
C'est lui qui recevra la rançon d'or des riches.

Lui seul pourra tracer d'une équitable main
Chaque part ! Et, grandi par la beauté du geste,
Ce faisant, il aura signé le manifeste
Qui réconciliera les fils du genre humain.

Maurice HOSTEAU.

25 Juin 1908.

———

NOTRE HYMNE

PAROLES
de
MADELEINE LÉPINE

MUSIQUE
de
GRÉGOIRE VAYSMAN

CHANT / **PIANO**

Ai_mons \- nous les \-uns les \-au_tres, Du Bien soy.

_ons les a_pô_tres, Rien sous le ciel n'est plus. beau Que de se_courir un

al Coda
pour le dernier C!   au Signe

frè_   re,   Que d'écar_ter la mi _ sè _ re   Pour_voy_eu_se du tom _beau. _ La

CODA

La Force est dans la Bon_té,   La Force est dans la Bon_té.

rall.

187

II. La vie a d'obscurs passages,
   Ni les puissants, ni les sages
   N'évitent les coups du sort,
   Mais au bord du précipice,
   Le faible dont le pied glisse
   N'attend plus rien que la mort...

III. Accourons à sa détresse,
    Prouvons-lui notre tendresse
    Par un élan généreux ;
    En vain l'insondable abîme
    Réclame une autre victime :
    Qu'il vive, et qu'il soit heureux !

IV. Œuvre pacifique et grande,
   Chacun avec son offrande
   Travaille au commun bonheur ;
   Des larmes naît le sourire,
   Et le plus humble peut dire
   J'offre une part de mon cœur.

V. C'est la Bonté souveraine
Qui maîtrisera la haine
Rugissante autour de nous,
Et sur la mer irritée,
Triomphalement portée,
Dissipera son courroux.

VI. La Force n'est point au glaive
Qui, brutalement se lève
Pour abattre l'indompté :
La Force est dans une larme,
Dans un regard qui désarme :
La Force est dans la Bonté. *(bis)*